ACERCA DEL AUTOR

Humberto Aguilar, también llamado Beto Guaymas

Nacido en la ciudad de Guaymas, Sonora, México

El segundo de cuatro hijos de una familia de pescadores, con la carencia como motivación y la familia como inspiración se abrió paso en el mundo para realizar sus estudios e iniciar su proyecto de vida.

Contador, Ingeniero en Sistemas Computacionales "Titulado con Mención Honorifica" y Maestría en Teleinformática.

Emprendedor, conferencista, escritor y filántropo.

Su pasión por las estrategias motivacionales y el trabajo en equipo lo ha llevado a descubrir por el mundo que es lo que mueve a la gente dependiendo del país, cultura, religión y extracto socioeconómico.

Ha laborado en alrededor de 30 países, de los cuales ha aprendido de sus diferencias culturales, socioeconómicas, educacionales y profesionales.

Inventó un sistema para ciegos en el año 2000 el cual fue utilizado por una niña con discapacidad visual de 11 años y actualmente es abogada.

Uno de sus emprendimientos es apoyando a la comunidad con alguna discapacidad, ofreciéndoles empleo profesional para que compitan en el mundo "normal".

Ha ganado premios internacionales como trabajo en equipo, sentido de urgencia, liderazgo, hablar en público y plan de negocios.

De igual forma se dedica a apoyar a emprendedores con mentorías para que puedan iniciar su propio negocio o crecer el negocio que tengan.

CONTENIDO

PREFACIO

Este libro ha sido la recopilación de mis experiencias en el ámbito laboral y de emprendimiento, así como, experiencias que he tomado de una serie de emprendedores y empresarios donde tuve la oportunidad de entrevistar en el programa Un Café para Emprender; de igual forma he tomado experiencia de emprendedores que han fracasado en múltiples ocasiones y que le han dado un giro a su vida logrando ser exitosos.

También he filtrado experiencias de influencers del momento que hablan de emprendimiento y de los vende humo que no debemos dejar pasar para no dar falsas expectativas a nuestros emprendedores.

Ha sido un reto personal que decidí compartir con todas aquellas personas que ejercen una labor en una compañía como empleados y que a su vez tienen deseo de emprender en algún momento. También decidí compartir este libro con todos los emprendedores que están en este difícil, desconocido y arduo camino del emprendimiento.

"Si tienes voz y eres escuchado(a), es mejor que digas algo que valga la pena y cambie la vida de alguien

Desconocido

AGRADECIMIENTOS

En primer lugar, quiero agradecer a mi Esposa, quien ha sido la primera persona en apoyarme, empujarme a vivir y plasmar todas mis experiencias laborales, y como emprendedor, así como el darme la motivación necesaria para escribir.

A mis hijos quienes soportaron mi ausencia, sin saber que era lo que yo estaba haciendo.

A los emprendedores(as), empresarios(as) y grandes empleados que aceptaron el reto de contribuir con sus experiencias conmigo en el programa de Un Café para Emprender, de donde hemos recopilado mucha información valiosa y ahora disponible en este ejemplar.

Gracias a todas las empresas que me dieron la oportunidad de colaborar como empleado, por haberme educado y por todos los retos que me hicieron crecer. De igual forma agradezco a las personas que han confiado en mi profesionalismo y en mis experiencias como emprendedor lo cual ahora comparto con muchísimo placer.

INTRODUCCIÓN

"EmpleaT o EmprendeT"

La pregunta que me han hecho a lo largo de mi vida profesional y emprendedora es "¿Qué es mejor, emprender o ser empleado?"

Al final todo es cuestión de perspectiva, ¿que buscas de la vida?, ¿cuáles son tus objetivos?, ¿a dónde quieres llegar?, ¿qué te gustaría tener?, ¿en qué te gustaría desenvolverte?, ¿cuánto dinero te gustaría ganar?, ¿de qué te gustaría vivir?, etc. Infinidad de preguntas salen de mi mente cuando me cuestionan acerca de eso.

En mi experiencia como empleado y/o emprendedor me he dado cuenta de que las dos cosas son buenas, e incluso una puede ser complemento de la otra.

Sin embargo, todo depende del foco con el que deseas ver lo que tienes en frente de ti. Muchos influencers hoy en día hablan de que tienes que emprender, si no, eres un mediocre. Otras personas quieren emprender puesto que quieren ser dueños de su propio tiempo. Empleados consideran mejor estar seguros, recibir su cheque quincenalmente y programar sus tiempos. Y así sucesivamente hay miles de opiniones encontradas.

Es por esto por lo que he tenido la oportunidad de entrevistar a muchos emprendedores y empleados acerca de este maravilloso debate, algo que cada uno defiende basado en sus hechos.

Un café para emprender determinó en su investigación que el 78% de la gente sostiene que ser emprendedor es lo mejor, puesto que te da mayor libertad en tiempo y libertad financiera, sin embargo, no han emprendido, "son empleados". De igual forma el 14% creen que lo mejor es estar seguro en un empleo fijo que pueda proveer lo necesario para vivir de acuerdo con sus comodidades, "tampoco han emprendido", el resto 8% asegura que el emprendimiento no es para todos, solo las personas audaces con ciertas capacidades deberían emprender, para este caso ellos si emprendieron.

Al final son estadísticas de un grupo de personas. No es la verdad absoluta, pero tiene relevancia para predecir cierto comportamiento.

Cualquiera que sea tu elección, esta será buena a medida que la desarrolles y la explotes de la mejor manera. O de lo contrario será mala dependiendo de las decisiones que tomes en el camino.

En este ejemplar hemos concentrado la experiencia no solo de empleados, emprendedores o grandes empresarios, sino también la experiencia de la gente que complementa a estos experimentadores del mundo laboral.

Entremos al cerebro económico racional de las personas y conozcamos los beneficios de emprender, ser un empleado o ambas al mismo tiempo. Ventajas y desventajas, costos e ingresos y su parte económica.

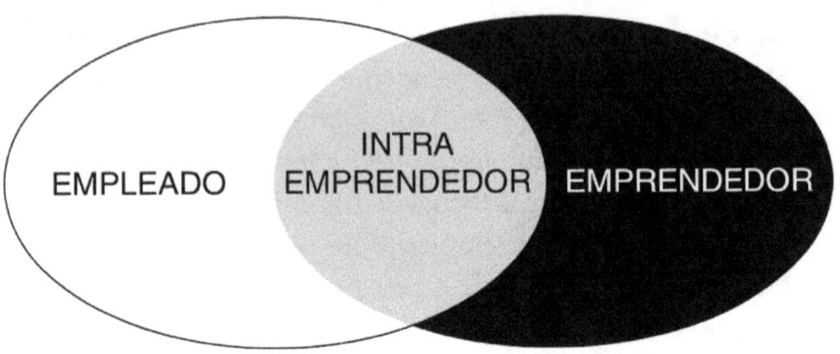

Puedes ser un Empleado, un Intra-emprendedor o un Emprendedor que con el tiempo se puede convertir en un gran empresario.

EmpleaT

EmpleaT

"EmpleaT = Empléate = Ser Empleado"

Muchos han estigmatizado de forma negativa ser empleado. En esta era, ser empleado es ser un esclavo de una empresa, con un horario especifico "Hora entrada mas no de salida", una compensación adecuada en una tarifa consensada por la sociedad económica empresarial.

Todo esto ha desvirtuado la naturaleza del empleado, así como de su valor en una organización.

Si bien en cierto un empleado tiene ciertos límites estipulados en un contrato, no quiere decir que no se puedan superar y/o aspirar a niveles muy altos en una organización donde le permita obtener libertad financiera o riqueza.

En el mundo actual existen muchos empleados con excelentes cargos y sueldos increíbles que superan por mucho lo que ganan más del 80% de las empresas en el mundo. Tal es el caso del CEO del conglomerado tecnológico Alphabet "Corporativo de Google" con un salario base de 2 millones de dólares anuales más compensaciones y con la posibilidad de ganar 240 millones de dólares basado en objetivos. Este es un claro ejemplo que es posible ser un empleado multimillonario.

Ser empleado

Un empleado es una persona que brinda su tiempo, experiencia y servicios realizando un trabajo a cambio de un salario por parte de un empleador.

De manera formal se crea un contrato para validar por las partes el alcance, responsabilidades y beneficios del trabajo a realizar y para proteger a las partes involucradas, empleado y empleador.

Un empleado es el recurso más valioso de una empresa y es el motor principal para poder producir un producto o servicio que le dará valor a esa empresa, por lo tanto, las empresas deben implementar políticas de cuidado de su recurso más valioso.

Experiencia: He sido empleado a partir de los 15 años en diferentes lugares. Mi primer empleo fue en una planta maquiladora de latas de sardinas y mi primer sueldo fue de $112.00 MXP por semana, lo cual para un chico de esa edad era mucho dinero. Después fui mesero en una discoteca a los 16, claro no era legal contratar a un chico de esa edad. Luego después de meses de practica fuí DJ suplente, hasta que fui el DJ principal por al menos 4 años. De igual forma trabajé como albañil, también cocinando hamburguesas y pollo frito, después maestro de informática, diseñador gráfico, desarrollador de software y así seguí mi camino profesional que me llevo a lo que soy ahora. En todos esos años aprendí que mi trabajo era fundamental para el crecimiento de cada una de las empresas en las que trabajé. Mis conocimientos aplicados en estas compañías y la camiseta bien puesta me volvían un trabajador diferente. Aunque el salario era justo, no era suficiente por las necesidades que yo adquiría cada vez que subía un peldaño.

Tener un empleo es una bendición que debemos agradecer día con día. Dar lo mejor de nosotros mismos porque hay una empresa que nos da, no solo la oportunidad de aplicar nuestros conocimientos, sino también, la oportunidad de poner comida en la mesa. Muchas personas se quejan por el empleo que tienen, por el sueldo que les dan o las funciones que desempeñan.

"Nunca te quejes, nunca des explicaciones" Si no estás satisfecho con la situación, haz algo para resolverla.

Henry Ford

Ser un gran empleado

Todos los que hemos sido empleados, en algún momento hemos deseado ser **grandes empleados**.

Cualquier persona puede ser un empleado de una empresa, sin embargo, no cualquier persona puede ser **un gran empleado**. Para eso se debe tener cualidades y capacidades mayores al promedio de los empleados.

Algunas características especiales que tiene un gran empleado son:

- Pasión
  Los empleados que laboran con pasión mantienen un estado de deseo persistente involucrando la combinación del pensamiento racional con el emocional y se ve reflejado en el resultado de su trabajo.
  Es muy notable un empleado con pasión cuando el resultado es mayor al esperado ya que, no solo cumple con lo solicitado si no que también se le agrega ese toque especial.

- Comunicación
  Un gran empleado es un gran comunicador de sus ideas en el ambiente laboral. Destaca por la claridad de sus mensajes que desea comunicar, y lo envía a través de algún canal (voz, mensaje escrito, lenguaje corporal, etc.) donde el receptor es capaz de decodificar ese mensaje y podrá responder de manera correcta.

Ese toque de comunicación hace que destaque frente al resto del equipo y le agrega valor, visibilidad y confianza. A pesar de que muchos comunicadores nacen con esa cualidad, también se puede desarrollar mediante las cuatro habilidades básicas del lenguaje: habla, escucha, lectura y escritura.

- Trabajo en equipo

  Es la habilidad de encontrar el lugar exacto en un grupo de trabajo donde puedes complementar, cooperar, desarrollar y potenciar las capacidades de los demás de manera organizada.

  Esta característica hace que un gran empleado fomente el sentido de lealtad, seguridad y autoestima para satisfacer las necesidades individuales de cada integrante del grupo, valora la pertenencia y fomenta las relaciones positivas en la organización o fuera de ella.

- Compromiso

  Es el involucramiento racional y emocional del empleado con la empresa, en los retos, proyectos y oportunidades que se tienen.

  Esta característica es esencial para alcanzar el éxito empresarial.

  Sin embargo, tener empleados comprometidos mayormente es responsabilidad de la empresa y es aquí donde se debe prestar total atención y

encontrar a esos empleados que tienen un nivel de compromiso más alto naturalmente y potenciarlos.
Un empleado comprometido es empoderado, propone sus propias metas y encamina su carrera profesional dentro del marco de la empresa, asume riesgos, tiene gusto por los cambios y tiene espíritu de colaboración y trabajo en equipo.

- Proactivo
  Un empleado proactivo es un elemento clave en una empresa puesto que tiene una visión natural para detectar un problema antes que los demás, proponer una solución, ejecutarla y mostrar el resultado antes de que suceda.
  Un empleado proactivo tiene un gran valor para la empresa. Son empleados altamente motivados capaces de resolver problemas con soluciones innovadoras y eficientes.

- Actitud
  Esta característica es una de las más significativas, puesto que una buena actitud tiene un gran impacto en cualquier lugar donde se esté.
  Una actitud positiva nos impulsa a buscar información y soluciones ante las adversidades y la incertidumbre del futuro o ante el temor de conocer la respuesta a nuestras dudas, con frecuencia nos bloqueamos, siento esto lo que nos impide adoptar actitudes positivas.

Es claro que, no es fácil tener una actitud positiva todo el tiempo, sin embargo, es algo que ciertas personas saben manejar muy bien.
La energía que se emana por la actitud que se tiene puede empeorar o mejorar el ambiente de un área, un equipo de trabajo o de una oficina en particular.

“Una mala actitud es como una llanta baja, no puedes ir a ningún lado hasta que no la cambies.

Desconocido

Además de cumplir con ciertas características especiales, es inevitable mencionar que un gran empleado siempre está disponible para ayudar a sus colegas, toma las cosas muy en serio y procura terminar sus tareas más rápido de lo que cualquier otra persona lo haría. También sacrifica su tiempo para dar un plus al resultado de sus tareas. Se vuelve excepcional y hace ver fáciles las cosas difíciles. Se gana la confianza de sus compañeros y se nota su esencia en el lugar de trabajo. Se adapta a cualquier situación por más difícil que esta sea y es el primero en sacrificarse para tomar el control de la situación y buscar el éxito.
Un gran empleado, es un empleado física e intelectualmente común, pero con una gran diferencia sobre los demás, “Siempre con una gran ACTITUD”.

No piensa en el mérito, sino, en el resultado. No busca la gratitud, sino, el respeto. No se queja de los problemas, le busca soluciones. Sabe que el proceso es doloroso, pero sabe que es temporal. Siente la emoción de pertenecer a un equipo en el que puede mostrar sus habilidades y experiencia. Esta dispuesto aprender y aplicar. Solo requiere un objetivo y va por él.
Cualquiera puede ser un gran empleado, pero no cualquiera quiere pagar el precio.

> "Si no puedes o no quieres pagar el precio de ser extraordinario, no te quejes por ser ordinario.
>
> ***Humberto Aguilar***

Experiencia: En uno de mis empleos tuve la fortuna de tener un jefe un par de años menor que yo. Él era director general y yo gerente de sistemas. Al principio creí que algo estaba mal puesto que se veía ordinario, igual que los demás. Decidí observarlo para entender porque él era mi jefe y no al revés. Me di cuenta de que él era un chico muy bien preparado, conocía perfectamente sus funciones, tenía una voz de mando inigualable y era muy sensato. En las reuniones con los dueños de la compañía observe que siempre fue muy práctico, muy seguro, tenía respuestas claras y contundentes. Un día le pregunte como le hacía y me dijo, es como el futbol, no porque seas derecho, quiere decir que no puedas tocar el balón con el pie izquierdo, también puedes usar la cabeza, hombro, espalda y todo lo demás. Tienes que hacer más que los demás y gastar más tiempo que los demás, para lograr lo que ellos nunca lograran.

La meritocracia

Uno de los retos más complicados de entender es la meritocracia.

La meritocracia (término proveniente del latín merĭtum 'debida recompensa', a su vez de mereri 'ganar, merecer'; y el sufijo -cracia del griego krátos, o κράτος en griego, 'poder, fuerza') o gobierno de los mejores es una forma de gobierno basada en el mérito.

La meritocracia ***existe solo en el diccionario***, ya que la desigualdad e injusticia en el orden laboral e institucional ha estado desapareciendo año con año y la realidad es que hoy por hoy es más importante pertenecer a una sociedad laboral **"*sociocracia laboral*"** que permitir que alguien con mayor capacidad **"*inteligencia, estudios, o mayor preparación*"** se integre a ese grupo social laboral cerrado y celosamente cuidado.

En la actualidad pretender subir de puesto es mucho más complejo de lo esperado, hay que pertenecer a ese círculo social donde el puesto que se desea esta resguardado, crear relaciones laborales por conveniencia, realizar las reverencias diarias a los jefes y mantener un perfil sumiso ante las autoridades, al final de todo viene el mérito si fuera necesario.

¿De qué sirve prepararse tanto?

En realidad, prepararse es importante para aumentar la meritocracia y reducir con la sociocracia laboral. Sin embargo, la preparación debe estar bien enfocada y alineada, de tal manera que pueda ser impregnada en las estructuras organizacionales. Esto con el fin de balancear los puestos de trabajo en una estructura organizacional con los estudios, experiencia, resultados y esfuerzo de un individuo que es parte de una organización.

La meritocracia es una propuesta estructurada social y gubernamentalmente, cuyas posiciones laborales se reservan para las personas que tienen una formación y experiencia que ha sido generada a lo largo de su carrera. Se basa en que los puestos se cubran con las personas más preparadas y no por selección de amistad o padrinazgo.

La sociocracia por su parte estaba bien diseñada, pero carece de méritos en la actualidad, cualquier persona que este socialmente conectado puede aspirar a un puesto más alto y rápido.

Esto nos ha llevado a estudiar el comportamiento humano desde otra perspectiva "Neurociencia".

La neurociencia indica que para el ser humano es más importante:

1. su seguridad
2. pertenecer a una sociedad
3. la verdad

Esto quiere decir que la meritocracia es parte de la verdad, sin embargo, es más importante la sociocracia porque es parte de pertenecer a una sociedad.

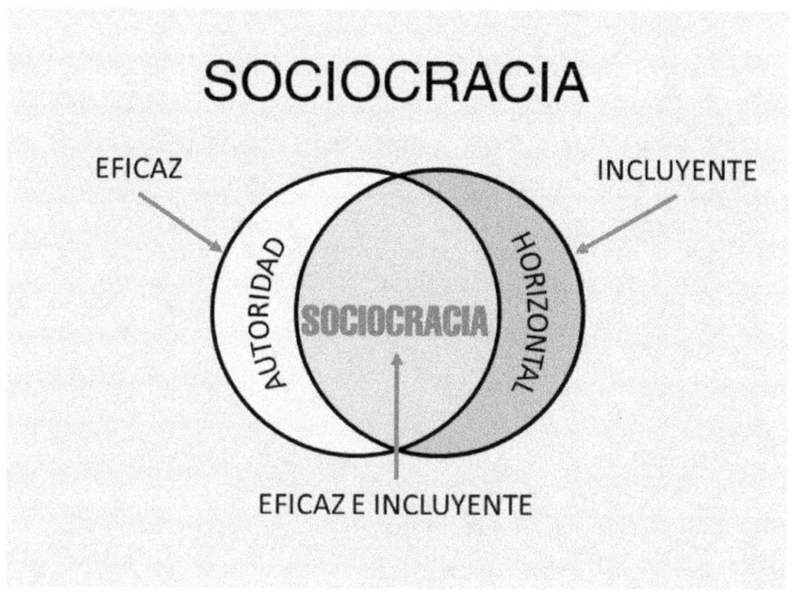

La sociocracia ofrece el consentimiento, agrupa las tareas y la autoridad en roles, los roles en equipos los cuales han sido conectados para mantener todo alineado y transparente. Sin embargo, la sociocracia que no es controlada carece de méritos, lo que hace que todo se mueva por conveniencia.

Básicamente deja de ser importante el IQ de una persona, sus títulos y especializaciones que tenga, lo más importante es la empatía con la sociedad laboral y la obediencia.

Experiencia: La meritocracia se ha vuelto un juego social más que de méritos. He visto como personas brillantes con gran responsabilidad en sus tareas laborales no han escalado puestos más relevantes por el simple hecho que no son del agrado de sus superiores o no encajan en su círculo social laboral. Ha sido muy triste como personas con cero talentos y sin compromiso, toman puestos que no les corresponden, solo por ser amigo del jefe o recomendados por amigos del jefe que debe favores.

Pocas son las personas que he visto, que por mérito propio han logrado destacar en sus empleos.

Como escalar puestos rápidamente

Se dice que para escalar puestos rápidamente debes ser bueno en lo que haces, cumplir tus horarios establecidos, contar con título universitario, de preferencia tener una maestría, hacer méritos y tener una buena reputación.

La realidad es que eso es una total mentira. Para escalar rápidamente debes saber jugar el juego de la sociedad laboral en la que te estes desarrollando. Entender quien está a la cabeza de la organización y ver qué clase de personas lo rodean, aprender de cada uno de sus puestos e iniciar con un programa de socialización bien diseñado.

Hay que estudiar muy bien a quien va a ser tu jefe y la relación que él tiene con todos a su alrededor.

"El que a buen árbol se arrima,
buena sombra le cobija.

Miguel de Cervantes

De igual forma es imprescindible saber qué proyectos son más relevantes para la organización y que proyectos son de menor relevancia para tus supervisores. Esto con el fin de poder enfocar tus esfuerzos en ellos y no perder el tiempo en proyectos que no te harán brillar.

Lo mejor de todo, hay que saber cómo debes presentar los proyectos a tus superiores. Esto es muy importante, ya que les facilitas el trabajo y no dedicaran tiempo a ello y siempre serás quien lo presente ante los directivos, lo cual te dará visibilidad y confianza.

Sumado a todo esto deberás socializar fuera de oficina para crear vínculos de amistad más estrechos que te ayudaran a mantener anestesiados a tus supervisores cuando cometas errores.

Este es el camino más corto para escalar de puesto rápidamente.

NOTA: Lo único que no debes hacer es denigrarte, permitir que te falten al respeto o que entregues tu honor para escalar.

Experiencia: Escalar puestos rápidamente solo lo he encontrado de dos formas distintas:

Cambiando de trabajo. Siempre he tenido la fortuna de ser llamado a otras empresas por recomendación de alguien que trabajo conmigo o que conoce mi trabajo. Esto me ha ayudado a escalar puestos más rápido que otras personas.

Aliarse a los supervisores correctos. Tuve la oportunidad de observar a los supervisores que mejores relaciones con sus directores tenían y lo que hice fue ayudarles a cubrir sus compromisos y objetivos de tal forma que ellos mismos me recomendaban y me asignaban mejores proyectos para tener mayor visibilidad ante los directores, lo que se reflejó en aumentos de sueldo y cambio de puesto.

No son las únicas dos formas, sin embargo, son las dos que yo he experimentado y creo que son las menos invasivas.

¿Porque los GURÚS no escalan puestos?

Antes de entrar a detalle del tema es importante determinar que es un GURU

En el marco del hinduismo, gurú significa 'maestro espiritual'

En una empresa un GURU es una persona experta en su área y se le respeta por sus conocimientos, experiencia y capacidad de resolver problemas. Sin embargo, estos expertos se vuelven tan indispensables en su área que difícilmente los promueven, ya que es muy complicado reemplazarlos por alguien igual o más capaz. A demás la mayoría de los GURUS son personas introvertidas, serias y que no les gusta socializar abiertamente con toda la gente.

Las organizaciones deberían tener un programa de capacitación social para empleados de este tipo.

A pesar de ser brillantes, comprometidos y con habilidades por encima de la media, la mayoría de ellos carecen de habilidades sociales "también llamadas habilidades blandas" indispensables para subirlos de nivel. Las empresas prefieren poner al alguien como supervisor con habilidades sociales y administrativas para controlar a los GURUS, en vez de invertir tiempo en preparación para estos especialistas.

Experiencia: Siempre deseaba ser el mejor, el que tuviera más conocimiento en el tema, quien solucionaba todos los problemas, la persona que podía terminar proyectos difíciles, el reconocido por los compañeros de trabajo como el más capaz, inteligente, sabio, y el más indispensable en la organización. Sin embargo, con el tiempo te das cuenta de que eso también frena el crecimiento. Estuve en una compañía por varios años en un gran puesto, pero ya no podía aspirar a un puesto más arriba ya que dominaba tan bien mi área que era muy complicado para mi jefe conseguir a alguien que se comprometiera como yo. Un día le pregunte que porque no me ayudaba a subir a otro puesto más administrativo y menos técnico. Él me dijo, ¿a quién pongo?, ¿quién va a hacer lo que tú haces?, para eso tengo que contratar al menos 3 personas y capacitarte a ti en temas administrativos. Eres demasiado importante para quitarte de donde estas.

Tiempo para cambiar de empleo

Todo en la vida tiene un periodo de caducidad, nada es para siempre.

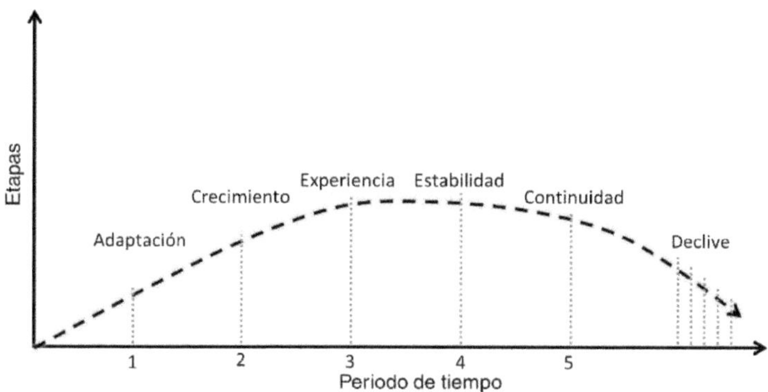

En los empleos es igual, existe un periodo natural de adaptación, crecimiento, experiencia, estabilidad, continuidad y declive. Los cuales pueden ser meses o años dependiendo de su naturaleza y de cómo se vaya desarrollando.

Existen muchos estudios acerca del tiempo que debería permanecer un empleado en una empresa y estos varían entre 3 y 5 años. Estos estudios no logran ponerse de acuerdo en la precisión. Sin embargo 5 años es el periodo más destacado que debería permanecer un empleado en una empresa y algunas de sus justificaciones son:

- Estabilidad laboral
- Prestaciones

- Retiro seguro
- Experiencia en un sector
- Suficiente para conocer y ser un experto en la empresa.

Sin embargo, mucho depende del país, cultura, edad, estatus socioeconómico y educación.

Si le preguntas a un Japones, inmediatamente responderá que desea retirarse en la misma organización, ósea, toda la vida laboral.

Si le preguntas a un estadounidense responderá que 3.5 a 5 años.

Además, otro factor es la edad, un empleado novato de 20 a 30 años seguro responderá 1 a 3 años y cambiar para subir posiciones y economía. Un empleado medio de 31 a 40 dirá que 5 a 10 años y un empleado mayor a 40 dirá que más de 10 años hasta el retiro.

Estudio hecho por Un café para emprender

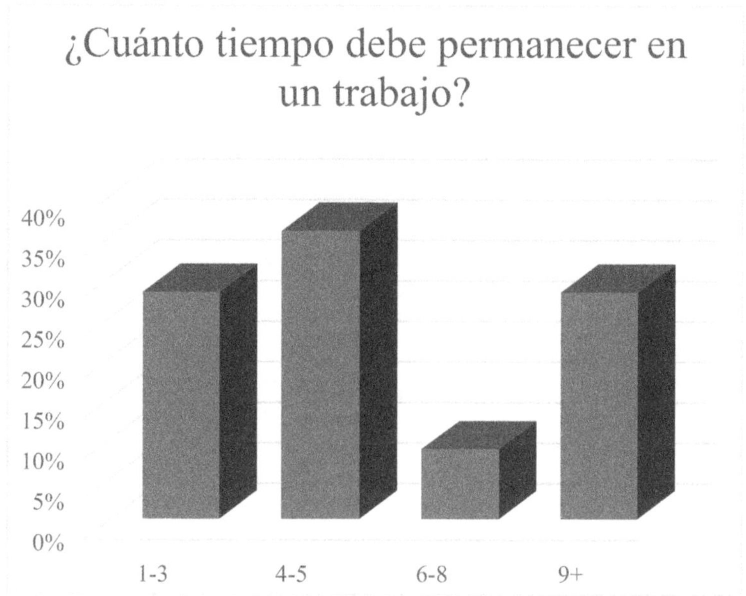

Lo que es claro es que la mayoría de los empleados tienen en promedio 5 años para conocer completamente la empresa, su puesto y sus funciones. Si después de eso no existen retos importantes para crecer entonces es tiempo de migrar a nuevas aventuras laborales o de emprendimiento.

Experiencia: Cuando era joven cambiaba de trabajo cada año o cada 2 años, lo que me llevó a comprender que solo lo hacía por tener un mejor sueldo y no más experiencia. Sabía que me faltaba desarrollarme más en el ámbito profesional, pero tenía la ventaja de la juventud que de alguna manera es permisible. Con el tiempo pretendí durar más tiempo y adquirí mayor experiencia, pero llegaba al punto donde el puesto dejaba de ser interesante. No había retos que me ayudaran a crecer y tampoco un mejor sueldo. Estuve en un empleo por 9 años el cual me dio grandes satisfacciones, muchos retos, me tenían muy motivado, pero llego el momento donde la monotonía se apodero de mí. Me volví particularmente diferente, la silla estaba amoldada a mi cuerpo, mi mente se empezó a cerrar y dejé de buscar temas que me hicieran crecer. Tenía un empleo estable, buen sueldo, pero no tenía retos y eso me llevo a buscar nuevas oportunidades en otras empresas y creando mi propio emprendimiento.

Como cuidar a tu empleado para que no se vaya

Una de las necesidades más importantes que una empresa tiene es la de mantener a sus empleados motivados y con la convicción de permanecer en la empresa por mucho tiempo.

Pero ¿porque se van los empleados? Un café para emprender nos dice:

Venderles la misión y visión de la empresa y hacerles sentir en todo momento seguros, confiables y necesarios mas no indispensables.

Lo primero que debemos entender es que nada, ni nadie es indispensable en una compañía, por lo cual, un negocio no tiene sentimientos y deben tratarse como personas que prestan un servicio en la compañía y que es premiado con un sueldo.

Esto no quiere decir que no le tengas aprecio personal y/o compartir tiempo y momentos. Lo que significa es que en los negocios no existen los sentimientos, los sentimientos están en las personas, al menos que tus empleados sean familiares donde hay un lazo adicional

Experiencia: Cada empleado de una empresa se debe de valorar dependiendo de las actividades, logros y objetivos que le sean asignados. En ese tabulador existe un grado de cualidades que el recurso debe tener para cumplir con sus tareas. Si por alguna razón no cumple con esas cualidades se le debe capacitar. En cada empresa que estuve procuraba encontrar los cursos adecuados para mi equipo de trabajo, con el fin de aumentar sus capacidades, reducir los riesgos y aumentar la productividad. Muchas personas me decían "no inviertas en ellos, se te van a ir" y me encontré con dos tipos de personas. Los que se van después de prepararlos "20%" y los agradecidos que se quedan por haber recibido capacitación "80%".

Empleados competitivos

Por cada empresa existen empleados que son muy competitivos y destacan por encima de los demás ya que su ímpetu de competencia es muy grande y sobresale de tal manera que se puede percibir dentro de la organización.

Estos empleados competitivos buscan el reconocimiento inmediato y ser colocados en los cuadros de honor. Cosa que en su mayoría no sucede, puesto que la cultura de la empresa no contempla y mucho menos el jefe "No quiere decir que no haya buenos jefes". Esto hace que los empleados más competitivos se desanimen y busquen otra alternativa para trabajar.

Muchos de esos empleados competitivos se desaniman por diferentes razones:

- No hay competitividad sana
- Se ven limitados por sus supervisores
- Los compañeros envidiosos los sabotean
- Su sueldo no es congruente con lo que desarrolla
- Falta de motivación
- Falta de capacitación
- Estrés excesivo
- No tienen un plan de carrera definido

Capacitaciones

Si algo es cierto y que puede acreditarse a los vende humo es "la mejor inversión que puede hacer una persona es en su conocimiento".

La mejor inversión que una persona puede hacer es en su propia educación. No trae beneficios inmediatos, pero si a mediano y largo plazo.

"La educación es la inversión a largo plazo
con beneficios intermedios.

Humberto Aguilar

Muchas empresas tienen miedo de educar a sus empleados porque una vez capacitados se van a otras compañías por una mejor remuneración económica. Esto es muy común y más en las áreas tecnológicas. Sin embargo, es necesario capacitar de manera continua a los empleados para un mejor rendimiento y calidad en el producto y/o servicio que se realice.

Habilidades que debe prepararse a un empleado:

- Habilidades sociales o habilidades blandas. Basada en las relaciones personales es una de las áreas que se deben cubrir y es a las que menos atención se les presta.
  Esta habilidad puede ayudar a fortalecer y empujar habilidades como trabajo en equipo, liderazgo y honestidad.
- Habilidades Técnicas

Esta habilidad es la que más capacitación tiene, puesto que es de suma importancia para que el producto o servicio sea de alta calidad y confianza.

- Trabajo en equipo
  La unión hace la fuerza y esta habilidad es la responsable de la creación y gestión de excelentes grupos de trabajo.
- Habilidades de comunicación
  Cualquier persona debería poder transmitir un mensaje de manera correcta, a través de su habilidad para comunicarse.
  Hoy en día se buscan personas capaces de observar, escuchar y comprender una conversación, así mismo procesar y transmitir un mensaje fluidamente y de manera asertiva.
- Liderazgo
  Esta habilidad tiene la característica de crear grupos de trabajo sólidos, ejecutar proyectos en tiempo y forma, e influenciar a personas para que trabajen de forma entusiasta por un objetivo en común.
  Una persona líder se distingue del resto por su capacidad de tomar decisiones acertadas para el grupo, equipo u organización.
- Honestidad e integridad
  La honestidad es la manera de actuar en modo real, que se comporta con lealtad, rectitud y sinceridad. Una cualidad muy deseable en las organizaciones.
  La integridad es actuar de manera correcta y congruente. Cualidad que es destacable y sociablemente aceptada.

- Finanzas personales

  Esta habilidad es una de las más olvidadas y es de suma importancia que los empleados deben de tener.

  Un empleado bien administrado financieramente es un empleado feliz, que no tiene preocupaciones económicas por que sabe administrarse correctamente.

  Esta habilidad permite que los empleados estén tranquilos económicamente hablando ya que una mala finanza personal es distracción del empleado en su ambiente laboral y propicio de cometer grandes errores.

Experiencia: Son pocas empresas que se preocupan por desarrollar a sus empleados en otro nivel más allá de lo que deben hacer. Es cierto que todo tiene un costo y la capacitación no es la excepción. Sin embargo, capacitar a los empleados claves será una inversión a mediano y largo plazo. Empresas como AT&T, General Electric, Google, etc. Tienen un presupuesto asignado a este tipo de capacitaciones.

Nadie es indispensable

En una empresa nadie es indispensable y quien así lo crea estaría pecando de ingenuo.

Hemos sido educados por la sociedad y nuestros padres que debemos conservar nuestros puestos, aprendiendo todo del puesto y siendo el mejor para volverse indispensable.

La historia nos señala que las personas que se vuelven indispensables no suben de puesto, al contrario, se estancan y solo son como el hamster en la rueda, dando vueltas todo el tiempo sin avanzar a ningún lado.

Estas personas se quedan en un sitio de trabajo por años, se vuelven especialistas y valiosos por la capacidad de resolver problemas, sin embargo, solo generan valor en ese sector, pero no generan valor en puestos donde se deben gerencias recursos.

Por lo tanto, si eres de la idea que volverse indispensable en una empresa es lo que te va a llevar a la permanecía por muchos años, entonces puede ser posible, pero si crees que ser indispensable te llevara a escalar puestos importantes en la organización, lamento decirte que estarías muy equivocado.

En ningún momento se afirma que no tengas posibilidades de avanzar, solo que se requiere hacer algunos ajustes en la parte social para poder complementar y buscar un puesto más arriba.

Una empresa no tiene sentimientos y en cualquier momento pueden quitar a un empleado y poner a otro por más valioso que este parezca, o sea. A veces prefieren pagar el precio de conseguir a alguien más que seguir manteniendo al mismo empleado.

Hay que aclarar que un empleado que se cree indispensable no es un GURU, pero tiene ciertas características.

Experiencia: en todas las empresas que he conocido hay al menos un empleado que se cree indispensable, tanto así, que esa persona es arrogante, prepotente y piensa que tiene derechos sobre los demás puesto que es quien sabe más. La mayoría de quienes lo rodean se someten a ese empleado ya que saben que es el más experimentado y nadie quiere gastar tiempo aprendiendo lo que ese empleado conoce y prefieren que el resuelva. Sin embargo, se vuelve incomodo y hasta lenta la interacción para poder finalizar cualquier proyecto.

Es más indispensable el que más ayuda, que el que más sabe.

Humberto Aguilar

Los títulos no hacen buenos empleados

Por décadas hemos sido educados por no decir engañados, donde nos venden esa falsa idea que debemos perseguir un título universitario ya que eso diferencia un buen empleado de uno mediocre, ha sido una falacia muy bien diseñada por las organizaciones y los gobiernos, la cual nuestros padres ciegamente han comprado y nos han transmitido.

Aunque esa línea de tener un título para aspirar a un empleo bien remunerado se ha venido disipando, hay empleos que, si es estrictamente necesario tenerlo, o ¿permitirías que un cirujano te operara del corazón sin tener un título?

Antes se dividían los puestos de trabajos en especializados y profesionales.

- Especializados
  Para este tipo de empleos no era necesario un título universitario, ya que solo se requería una de dos cosas:
    1. Años de experiencia
       La experiencia es una de las características más importantes por lo que se valora en términos de principiante, intermedio o experto.
       Ejemplo: soldador intermedio con 3 años de experiencia.
    2. Certificación
       La certificación es solo un documento avalado por una institución educativa especializada en dar fe y legalidad que ha

aprobado el examen de habilidades para un tema muy específico.
Ejemplo: Instalador de sistemas de alarmas en edificios.

- Profesionales
En este tipo de empleos es estrictamente necesario graduarse y titularse en alguna universidad donde se acredite el programa de estudios al 100%, así como de titularse para probar a las empresas la especialización y garantizar sus conocimientos.

Sin embargo, hoy por hoy es indispensable tener un título mas no necesario.

Muchas empresas, en su mayoría tecnológicas "como Google, Amazon y Tesla" han adoptado la postura de emplear personas por su experiencia y especialidad, más que por su título profesional.

Pero como bien sabemos en esta era, los títulos no hacen buenos empleados. Hay empleados más preparados, comprometidos y con años de experiencia, que profesionales titulados.

¿Porque los empleados renuncian?

En las empresas o instituciones existe una rotación de personal importante donde la mayoría de las ocasiones los directores no se percatan porque razón el personal renuncia. Sin embargo, en el mundo existen muchas estadísticas que lo respaldan, dependiendo del país.

La mayoría de estas estadísticas concuerdan que el personal laboral renuncia en un 90% por el trato de su supervisor.

Es importante destacar que este tipo de renuncias también tiene su lado positivo ya que un 15% de estos empleados que renuncian se transforman en emprendedores y deciden en crear su propia empresa lo cual genera empleos.

"Todo lado malo tiene un lado bueno, aunque no sea de la misma proporción.
Humberto Aguilar

Mitos del empleado

Existen muchos mitos del empleado que son necesarios destapar. Las cosas no son como antes y la tecnología ha ayudado a cambiar las reglas del juego, de igual manera la pandemia por COVID 19 tuvo su gran aportación.

Aquí algunos de los mitos del empleado más sobresalientes:

- La edad ya no es un factor
  Décadas atrás los empleados se preocupaban por su edad laboral, debido a los límites invisibles que las empresas requerían para contratar personal. Una persona de tecnología a los 40 años era considerada un veterano y sus oportunidades de contratación disminuían considerablemente. Lo que los obligaba a emprender o cambiar de profesión. Eso también provocaba que permanecieran años de servicio en la misma compañía hasta su jubilación porque pensaban que no los contratarían en otro lugar.
  A partir del auge tecnológico, la edad ha pasado a segundo plano, ya no es un factor para considerar en muchos empleos profesionales. Ahora la experiencia toma un mejor papel y tiene más valor profesional que la edad.
- Igualdad de genero
  En los países primer mundo ha desaparecido en gran medida la discriminación por género y se nota la igualdad en muchos sectores puesto que la ley ha tomado un rol participativo en el control de la

discriminación. Hoy por hoy mujeres están compitiendo fuertemente en los puestos más altos de las grandes organizaciones, por mencionar algunas: Karen Lynch, CEO de CVS Health, Jane Fraser, CEO, Citi, Julie Sweet, presidenta y CEO, Accenture, Carol Tomé, CEO, UPS y Mary Barra, presidenta y CEO de GM. De igual forma la comunidad LGBT+ tiene grandes lideres como son: Tim Cook, CEO, Apple, Jim Fitterling, CEO, Dow Chemical Company, Jeffrey Gennette, CEO, Macy's, Beth Ford, CEO, Land O'Lakes y Anne Richards, CEO, Fidelity International por mencionar algunos.
En los países tercer mundo ha sido más complicado, sin embargo, han avanzado mucho en el tema de igualdad.

- La condición
  Afortunadamente la tecnología tiene un lado bueno y poderoso que nos ha permitido emplear a personas con alguna condición o discapacidad, las cuales se han desempeñado en diferentes áreas. Los empresarios y emprendedores han sido cruciales en esta inclusión y han obtenido no solo un gran empleado, sino también, grandes beneficios económicos por parte de los diferentes gobiernos, dependiendo de cada país.
- La geografía
  Ahora es posible trabajar desde casa "Home Office" o desde cualquier lugar que deseemos ya que las compañías se han dado cuenta que los

resultados son más importantes que el lugar donde se labore, además que la nueva corriente llamada home office permite ahorrar a las empresas una significativa cantidad de dinero en gastos de oficina, mantenimiento, etc. No todos los empleos son afortunados para trabajar desde casa o desde algún otro lugar de manera remota como un plomero, mesero, soldador, etc. empleos físicos.

> "Los mitos que se creen tienden a convertirse en realidad.
>
> ***George Orwell***

¿Ser empleado te da libertad financiera?

Para empezar, debemos entender que es libertad financiera y hasta el día de hoy no hay una definición consensada única. Cada persona es responsable de su definición como libertad financiera, sin embargo, las actuales definiciones propuestas tienen argumentos en común.

Libertad financiera como término ha sido muy popular en Estados Unidos a principios de siglo por autores como Robert Kiyosaki o los precursores del movimiento FIRE "Financial Independence, Retire Early (independencia financiera, jubilación temprana)".

Como concepto genérico, libertad financiera es la capacidad de una persona para obtener ingresos que puedan cubrir sus necesidades económicas haciendo lo que le gusta hacer o sin hacer nada.

De acuerdo con este concepto, un empleado si puede lograr libertad financiera basándose en su sueldo, "puede hacer mucho dependiendo de su puesto, competencias, compromisos, manejo de sus finanzas y diversificación".

En el mundo hay muchos empleados que han logrado la libertad financiera y que pueden en cualquier momento dejar de trabajar y seguir viviendo cómodamente.

"La riqueza no consiste en tener grandes posesiones, sino en tener pocas necesidades.

Epicteto

Experiencia: Como empleado puedes lograr libertad financiera si eres capaz de administrar tus finanzas de forma ordenada, donde tus gastos no excedan tus presupuestos y utilizando una parte de los ingresos en inversiones a mediano y largo plazo, además de liberar las deudas y compromisos pasivos.

No es fácil, sin embargo, no es imposible. Es similar a querer tener un cuerpo perfecto, hay que sacrificarse y tener constancia para lograrlo.

Lo importante es, que sí es posible tener libertad financiera siendo empleado en una empresa.

ArriesgaT

ArriesgaT

Es fácil invitar a los demás a tomar riesgos para que hagan algo que, quienes incitan no hacen y esto es muy común en todos los tiempos.

Si deseas conseguir algo, es necesario pagar su precio, sin embargo, no siempre conoces ese precio y es ahí donde debes tomar tus propios riesgos.

Tomar riesgos es controlar los miedos e implica establecer objetivos claros de hacia dónde quieres llegar y buscar en tu interior las herramientas necesarias para hacerlo. Nadie dice que es fácil, porque si lo fuera cualquier persona lo haría.

"Como no estas experimentado en las
cosas del mundo, todas las cosas que tienen
algo de dificultad te parecen imposibles…
Confía en el tiempo que suele dar dulces
salidas a muchas amargas dificultades

Don Quijote

A mayor riesgo, mayor recompensa y a mayor conocimiento menor riesgo o riesgo medido, con lo cual aumenta las probabilidades de obtener la mayor recompensa.

Parece un laberinto, pero el secreto está en la preparación, la experiencia y la resiliencia. Es aquí donde tu riesgo tiene sentido y su matiz se empieza a notar.

Es por eso por lo que cuando alguien te dice ArriesgaT es porque ve la preparación en ti, se ha dado cuenta de tu talento y conoce tu experiencia. Pero es necesario sentarse, pensar en el siguiente paso y evaluar las herramientas con las que cuentas para saltar.

Experiencia: He tomado muchos riesgos tanto laborales como de emprendimiento. Estos riesgos han tenido resultados variados, he perdido y he ganado. Nadie me ha regalado nada y estoy convencido que a veces hay que tomar el riesgo y aprender en el camino.

Un día me dicen en mi trabajo que vaya a Houston a desarrollar un sistema y que estaría viajando 2 semanas en USA, 4 semanas en México. El inglés que yo manejaba era muy pobre y recordé que un maestro nos aconsejó que le pusiéramos mucho más interés al inglés que a cualquier otra materia. La verdad me insulte en repetidas ocasiones por no haber tomado el consejo. Esa era mi materia que usaba como válvula de escape para no entrar e irme a jugar.

Decido tomar el riesgo de aceptar ese proyecto. Una vez que lo tomé me arrepentía todos los días, pero me dispuse a aprender rápidamente, al menos técnicamente para poder expresarme. Tuve la fortuna de llevar el proyecto a buenos términos con mis limitaciones del idioma.

Hasta el día de hoy tomo muchos riesgos porque conozco mis habilidades y sé que puedo lograrlo.

¿Es necesario un título universitario?

Un título universitario no hace a un empleado, tampoco a un emprendedor, mucho menos a un empresario, un título universitario es solo un documento que acredita y certifica que una persona logro terminar con éxito las asignaciones de un programa de estudios relacionadas a una carrera, la cual es requerida en el mercado laboral.

Un título universitario es importante ya que da una garantía y valor de los conocimientos de una persona.

Si bien es cierto que un título universitario es muy importante, también es cierto que no para todos los tipos de trabajo se requiere y es aquí donde empieza la confusión que mucha gente matiza de acuerdo con su conveniencia y lo acentúan con la forma en que las empresas más grandes del mundo están contratando a sus empleados.

Empresas como Google, Amazon y Microsoft han revolucionado la manera de contratar personal técnico, pero no generaliza. Para contratar un desarrollador no exige título universitario, pero si exige experiencia y la evaluación es distinta, puede ser a través de un examen o a través de una certificación "esta forma un gran papel en la ecuación", pero para contratar a un doctor si exige un título universitario, así como sus credenciales y no acepta doctores que no cuenten con el título, además que por ley cualquier error sería muy caro.

"¿Estarías dispuesto(a) a someterte a una operación del cerebro por parte de una persona que no tiene un título que lo respalde?"

Esta manera de contratar se ha popularizado mucho en las compañías americanas y más en la rama tecnológica por la escasez de empleados preparados. Es por eso por lo que es mucho más rápido preparar a una persona en una especialización de dos semanas a un mes, que esperar a que termine una carrera universitaria.

> "Un título universitario dice poco, pero la seguridad que da haber aprendido lo dice todo
>
> ***Desconocido***

Experiencia: Siempre con mi afán de ser el mejor busque obtener un título universitario, una maestría, certificaciones, etc. Todo lo indispensable para ser reconocido como un gran profesionista. ¡Oh sorpresa!

Me he llevado muchas decepciones al respecto y no digo que sea malo tener un título, al contrario, es muy bueno contar con un documento que avale lo que has estudiado.

En todas las compañías que he trabajado las primeras 2 me pidieron una copia del título solo para llenar el requisito. El resto de las compañías no me han solicitado ningún documento que demuestre que estudie lo que puse en mi currículo. Solo el gobierno de US me pidió mis documentos escolares certificados para poder obtener la residencia.

Viaja

Antes de que tomes la decisión de saltar a la aventura de emprender, es importante tomar en cuenta lo que la gente exitosa recomienda viaja, viaja, viaja...

Como empleado y/o emprendedor viajar te abrirá a un mundo nuevo, es como cambiar de frecuencia y unirte a una mejor, más amplia y con más posibilidades de crecer.

Viajar expande la mente, aumenta la creatividad, mejora la salud, afianza relaciones, ayuda a socializar, produce felicidad y mejora el estado de ánimo.

Shimi Kang, doctora en neurociencia de la felicidad y la salud, ofrecerle al cerebro un tiempo de descanso ayuda a restaurarlo. Y ¿qué mejor manera de desconectar de la rutina que irse de viaje?

Viajar te da muchos beneficios como:

- Mayor confianza en sí mismo
- Amplio conocimiento geográfico
- Ayuda a conocerse uno mismo
- Abre la mente a otras culturas y personas
- Aprendes a equivocarte y a levantarte

“Es fácil ser valiente cuando
no tienes nada que perder

Desconocido

No es lo mismo trabajar en Alemania, Inglaterra, Francia, Hungría, El Salvador, México, Estados Unidos o en cualquier otro país. Es por eso por lo que viajar abre la mente y muestra lo maravilloso de cada cultura.

Cuando una empresa busca reclutar personas que se han desarrollado internacionalmente, lo primero que buscan es que haya viajado, que sea al menos bicultural y que entienda la forma de trabajar de otros países. No importa si tiene maestría, doctorado o que tenga miles de premios.

Experiencia: Un día me habla mi jefe y me dice, por favor apoya a un compañero. Vas a ir a Bremen, Alemania a la empresa de satélites OHB https://www.ohb.de/en/ y llevaras el siguiente proyecto para que ellos construyan un dispositivo que necesitamos. Acepto que me daba mucho miedo, tenía que viajar solo, no sabía hablar alemán, tampoco dominaba el inglés. Lo que sí puedo decir es que ese viaje cambio mi forma de ver el mundo, mi cerebro se volvió más receptivo y aprendí que hay culturas diferentes a la mía, leyes distintas, clima, ropa, comida, etc. a partir de entonces he conocido más de 30 países y he podido interpretar la forma en que piensan los demás dependiendo de su país.

Elige a las personas correctas

Suena a cliché, pero es una realidad, hasta el día de hoy no he leído ningún libro de emprendimiento que toque este importante tema.

No creas todo lo que la gente dice. Muchos por no decir la mayoría de las personas que te conocen, no compraran tu producto o servicio, incluso, te criticaran por lo que hagas. Es importante tomar la posición de la mantis religiosa que es sorda y usa el camuflaje de la naturaleza, esto con el fin de evitar ser manipulado por las opiniones de la gente que no aporta nada en tu camino.

No confíes en las frases huecas que no aportan nada, emprende con tus medios y habilidades. Quien te vaya a ayudar se sumará al proyecto con conocimiento, dinero, contactos o habilidades que puedan hacer crecer tu negocio.

La mala gente a tu alrededor empobrece tu alma y te encapsula en su mundo de fantasías, envidias, pobreza mental, consejos desviados, mensajes malintencionados y siempre dándote consejos con camuflaje que parecen muy acertados, pero se vuelven piedras en el camino.

> "Nada tan peligroso como un buen consejo acompañado de un mal ejemplo.
>
> ***Madame de Maintenon***

Experiencia: un día tuve una gran idea, que deseaba desarrollar en la cual confiaba mucho que podía ser un gran emprendimiento. Fui con algunas amistades con mucha más experiencia que yo y les platiqué de manera individual mi proyecto, uno me dijo que ya existía en el mercado, que no le invirtiera tiempo, otro me dijo que no le invirtiera tiempo puesto que era muy difícil llegar al mercado al que iba destinado, etc. y así sucesivamente me dejé llevar por todos los malos comentarios y me convencí de que era una mala idea. Al paso de 3 años esa idea alguien más la hizo realidad y hoy es una empresa exitosa.

Protege tu esencia, pero no la reprimas

Un error típico que la mayoría de la gente hace en sus empleos como en sus emprendimientos es reprimir su esencia para no ser víctimas del entorno.

El error de esconder o reprimir la esencia natural de quien somos es muy común.

Así como cada persona físicamente tiene una huella que distingue su individualidad y su diferencia al compararlo con los demás, también tiene su esencia que es intocable, pero es distinguible y hace sentir su presencia en cada lugar donde se encuentra.

A veces escuchamos a las personas reír y sabemos quién las hizo reír, a veces distinguimos a alguien por el simple hecho de cómo se siente el ambiente por el impacto que produce su esencia. Cuando vas a trabajar te das cuenta que llego el jefe por el comportamiento de los compañeros. Cuando los empleados ven al dueño cambian su comportamiento y eso no tiene relación con su belleza o apariencia, eso tiene que ver con su esencia. Es lo que impone y da fuerza a su yo interior de alguna forma especial.

La esencia es el corazón del yo, del ego, de la fuerza interior de cada individuo en esta tierra. La esencia hace la diferencia entre dos personas con la misma complexión, edad, estatura y belleza. Distingue a uno del otro, aunque parezcan dos gotas de agua. La esencia es lo que hará que la gente respete, quiera, desee o siga de una persona.

La esencia se debe proteger, pero jamás reprimir y mucho menos ocultar puesto que al ocultarla se oculta a la verdadera persona que está dentro.

La esencia es lo que hace la diferencia entre un buen empleado y uno mediocre. Hace diferencia entre un emprendedor exitoso y un emprendedor mediocre. La esencia hace la diferencia entre una buena persona o una mala persona.

La esencia es tu interpretación invisible sin que tengan que verte y contiene el poder oculto de tu distinción.

> "No necesitas que nadie te defina o te complete, vienes listo de fábrica, con todas tus características organizadas: se llama esencia.
>
> ***Walter Riso***

Experiencia: Yo siempre he sido una persona muy alegre y vacilador, lo cual me ha traído muchos problemas en el ambiente laboral ya que mucha gente me decía que debería ser más serio y formal de acuerdo con mi puesto. Después de escuchar en varias ocasiones el mismo mensaje, decidí cambiar y comencé a desarrollarme de acuerdo con el perfil serio y formal que "se supone" debía ser. Un mes después mi jefe me invita a comer y acepte. En la comida me pregunta, ¿qué es lo que tienes?, ¿tienes problemas en casa?, ¿pasa algo en el trabajo?, ¿te hemos hecho algo que no te guste?, etc. miles de preguntas en tan poco tiempo. Mi respuesta fue, todo bien, no pasa nada, estoy tranquilo. Pero su insistencia no cesaba y decidí decirle. Me estuvieron diciendo que me comportara, que fuera más formal, más serio y eso estoy haciendo. EL sonríe y me dice, jamás dejes de ser como tú eres. Nadie te entenderá. Quien critica lo hace bajo sus carencias y es el reflejo de cada uno. Tu eres natural así y no pierdas tu esencia, así es que vuelve a ser quién eres.

Intraemprendedor

El término intraemprendedor está basado en la designación de un empleado que es capaz de desarrollar un comportamiento emprendedor y que es ampliamente respaldado por la empresa en la que labora. Se encarga de descubrir nuevas oportunidades, evaluarlas y aprovecharlas para crear nuevos negocios en beneficio de la empresa en la que colabora.

Es decir, un intraemprendedor es un empleado que posee las cualidades y el apoyo de sus empleadores para emprender dentro de la empresa.

> "Hay muchas malas razones para empezar una empresa. Pero sólo hay una buena razón y creo que sabes cuál es: cambiar el mundo.
>
> ***Phil Libin***

Algunas diferencias entre ser un empleado, intraemprendedor o emprendedor.

	Empleado	Intra Emprendedor	Emprendedor
Ganancias	No	No	Si
Sueldo	Fijo	Fijo	Variable
Horario	8 hrs	8 hrs	24 hrs
Bono	No	Si	No
Comisión	Si	Si	No
Riesgo	Bajo	Medio	Alto
Formación	Especialista	Especialista	Todólogos

Experiencia: En mi experiencia he visto pocas personas con un alto sentido de responsabilidad y con gran visión que han sabido venderse en las empresas en las que laboran, haciendo acuerdos como intraemprendedores donde se han comprometido a recibir un sueldo fijo, pero con la condición de desarrollar más oportunidades de negocio.

Estos intraemprendedores obtienen grandes recompensas por su labor y se convierten en brazo derecho de los dueños de la empresa en la que colaboran.

El salto de empleado a emprendedor

El deseo más grande de un empleado es el de crear su propia empresa, administrar sus tiempos y ganar mucho dinero. Nada más alejado de la realidad y muy cercano a la ignorancia. El salario o sueldo es un vicio muy difícil de dejar, ya que el cerebro prefiere la seguridad aun que se perciba poco, que el riesgo de perder lo que se ha logrado.

Aunque muchos empleados están muy bien preparados profesionalmente, con gran experiencia y años que los respaldan, no se atreven a dar el siguiente paso.

Solo el 15% de los emprendedores tienen motivos importantes que los empujan a tomar el riesgo, como son:

- Independencia financiera
- Ser su propio jefe
- Reconocimiento
- Flexibilidad de horario
- Aprendizaje
- Crear empleos
- Diversificar ingresos
- Ven la oportunidad en la misma empresa en la que laboran

"Los destinos maravillosos
normalmente tienen caminos difíciles

Humberto Aguilar

La realidad es que la mayoría de los empleados que han dado un salto al emprendimiento ha sido por causas ajenas al sentimiento de emprender. Entre tantos motivos:

- Falta de empleo
- Fueron despedidos
- Tuvieron una tragedia
- Maltrato por su superior
- Fin del proyecto

Experiencia: Mi primer emprendimiento lo realicé siendo empleado de una compañía y me di cuenta de que era muy difícil emprender y trabajar al mismo tiempo. Cuando tienes un sueldo fijo y estas emprendiendo, sigues sintiéndote seguro porque tienes con que pagar las cuentas, sin embargo, esa misma seguridad hace que no le pongas el 100% de esfuerzo al emprendimiento puesto que no hay una presión adicional más que el empuje de la motivación por construir una empresa propia.

AdaptaT

Si algo en este mundo hace que un empleado o un emprendedor sea exitoso es la adaptación.

El mundo está hecho de millones de personas con capacidades, carácter y condiciones diferentes, que vivimos en un entorno cambiante que nos supera constantemente a través de los años.

El tiempo de pandemia por COVID 19 fue la época que cambio totalmente la humanidad y nos enseñó la fragilidad de las personas, el recurso más importante de cualquier emprendimiento o empresa. Nos enseñó que ante cualquier crisis debemos cambiar el modelo de nuestro negocio para que se adapte a las circunstancias.

Las personas pierden el tiempo queriendo controlar todo lo que los rodea para no sentirse frágiles y gastan muchos recursos que pueden ser utilizados en cosas más importantes relacionadas al emprendimiento.

Adaptarse no significa ir con la corriente, adaptarse significa modificar algunas de las características para desarrollarse en algún lugar o situación distinta a las habituales como lo es la altura, cuando vives en el mar y cambias la ubicación para vivir en las montañas. El cuerpo recibirá menos oxígeno y deberá adaptarse a esa situación. Esto también aplica en el trabajo donde dependiendo del entorno se debe adaptar para poder resolver los problemas del área, equipo o compañía. En el emprendimiento la adaptación es más compleja y debe ser más ingeniosa para poder satisfacer las necesidades de los clientes en tiempo y forma y así poder entregar los proyectos de manera exitosa.

En sí, estamos en constantes cambios que debemos adaptarnos rápidamente para poder surfear en ellos.

"La inteligencia es la capacidad de adaptarse al cambio.

Stephen Hawking

Experiencia: Uno de mis emprendimientos llamado Mobile Business se dedica a la creación de estaciones de trabajo móviles y creación de remolques de comida "Food Trailer" o camiones de comida "Food Truck" en Houston, Texas, US. Cuando inicié este negocio comencé construyendo la primera estación de trabajo para maquillista profesional con un diseño nuevo. El problema es que no se vendió inmediatamente y la renta del taller debía pagarse, el sueldo de los empleados también y los gastos fijos, además que mi familia y yo teníamos gastos. Nos dimos cuenta de que el mercado también requería de soldadores que pudieran hacer diferentes tipos de proyectos y tuvimos que tomar esos proyectos como una alternativa de flujo de efectivo. Adaptamos el taller para realizar adicionalmente labores de soldadura y pintura. Con esto logramos mantener el negocio funcionando y pudimos agregar nuevos servicios a nuestro catálogo de productos y servicios.

Aprender para emprender

En muchos emprendimientos quien emprende no necesariamente debe de saber cómo se crea el producto o servicio que ofrece. A veces quien emprende ve una oportunidad, consigue al experto y resuelve la necesidad del cliente. Afortunadamente hay muchas personas emprendedoras con esas habilidades

Para emprender se requiere entender muchas cosas necesarias para que el emprendimiento tenga éxito.

Es importante tener conocimientos de varias disciplinas para poder manejar un emprendimiento y encaminarlo al éxito.

De acuerdo con una investigación por parte de Un Café para Emprender, se obtuvieron las siguientes recomendaciones por parte de emprendedores y empresarios.

Los encuestados coinciden en que un emprendedor deberá prepararse en las siguientes áreas:

1. Finanzas personales
   Si es capaz de administrar sus finanzas, es más que seguro que va a poder iniciar un negocio.
2. Ventas y servicio al cliente
   Esencial para poder llevar el producto y/o servicio a la puerta del cliente y darle seguimiento para crear dependencia de la calidad y del buen servicio.
3. Marketing

La exploración, creación y entrega de valor de un producto y/o servicio para satisfacer las necesidades de un mercado objetivo.

4. Plan de negocios
   El cual ayudara a operar un negocio. Es una guía que servirá como mapa de ruta para estructurar, operar y hacer crecer el negocio.
5. Innovación
   Este gran proceso que permite introducir novedades que permiten mejorar el producto y/o servicio que se ofrece.

> "El mayor enemigo del conocimiento no es la ignorancia, es la ilusión del conocimiento.
>
> ***Stephen Hawking***

Experiencia: Coincido totalmente con las recomendaciones de los encuestados. En mis primeros emprendimientos me fallo la creación y seguimiento de un plan de negocios y por esa razón se me hacía muy difícil avanzar. Aunque la idea era muy buena y estaba claro lo que quería hacer, no había un plan de seguimiento paso a paso para que no se escapara ningún detalle.

Considero que un emprendedor no debería iniciar un negocio si no tiene estos 5 conocimientos.

¿Cuándo debes renunciar a tu trabajo?

Como empleado nos damos cuenta cuando la motivación está en los suelos, la rutina es pesada, el convivir no es agradable y el ambiente se percibe mal desde nuestra perspectiva.

> "Tu tiempo es limitado, así que no lo malgastes viviendo la vida de otro. No quedes atrapado en el dogma, que es vivir como otros piensan que deberías vivir. No dejes que los ruidos de las opiniones de los demás silencien tu propia voz interior. Y lo más importante, ten el coraje de seguir tu corazón y tu intuición. Estos, de algún modo, ya saben en qué quieres convertirte realmente. Todo lo demás es secundario.
>
> ***Steve Jobs***

Hay miles de señales que debemos visualizar antes de tomar una decisión.

5 señales que debes considerar para renunciar

1. Hacer lo mismo por años
2. No puedes aspirar a mejores puestos
3. Cuando no eres feliz
4. Cuando la monotonía no es agradable
5. Cuando saber que tienes que ir a trabajar sea desagradable.

Antes de renunciar debes prepararte para hacerlo, no solamente tomar la decisión y ya. Debe pasar un proceso de análisis y entendimiento de la situación. Procurar dejar las cosas en los mejores términos y buscar un nuevo lugar para establecer los nuevos objetivos.

Experiencia: en mi trabajo anterior me di cuenta de que ya estaba ciclado, me sentía desaprovechado, como un hamster listo para cualquier problema y ya no había una motivación real que me tuviera atento a cualquier proyecto. El ambiente con algunas personas se había vuelto desagradable y me sentía intranquilo. Mi sonrisa había decaído al igual que mis ganas por pertenecer a esa compañía que me había dado mucho. no quise ser grosero, ni salirme de un día para otro. Tenía una excelente relación con el dueño que no podía quedar mal con él y me vi a la tarea de hablar con él. en un principio 2 años antes le dije que quería emprender, que ya no me veía en la empresa, él me dijo que estudiara una maestría y que el la pagaría a lo cual yo le respondí que tenía una y no quería más. Dejé pasar el tiempo y en la siguiente oportunidad insistí, buscando su aprobación. Me dio largas, hasta que un día me di cuenta de que él me iba a dar la oportunidad de salir bien. Me invito a comer y me dio la oportunidad de salir de la compañía en muy buenos términos. Negociamos que me quedaría 3 meses más a cubrir y a enseñar a la persona que estaría en mi lugar. Nunca dejare de agradecer ese y otros gestos que tuvieron conmigo. Hasta el día de hoy siempre estoy atento a cualquier problema, duda o inconveniente que tengan para ayudarles a resolver.

EmprendeT

EmprendeT

¿Cuándo sabes que estas listo para emprender?

En realidad, no lo sabes, pero lo sientes y esa es la sensación más poderosa que puede impulsarte a dar el siguiente paso.

Hay muchos factores que pueden determinar si estas listo para emprender, como son:

- Una gran idea
  Muchos hemos tenido grandes ideas y alguien más la materializó. Lo importante de una gran idea es que facilita la autenticidad y la posibilidad de hacer algo único. Sin embargo, una gran idea no es suficiente si no se lleva a cabo.
  Todos hemos tenido grandes ideas, pero nos limitamos tanto que no hacemos nada.
- Visión
  Es la capacidad de ver más allá de lo que otros ven, donde la imaginación es muy poderosa y crea realidades antes de construirlas.
  Es la expectativa ideal de lo que se espera como empleado o emprendedor a futuro. Debe ser realista, pero puede ser ambiciosa.
- Capital
  El elemento canjeable entre el tiempo y los recursos que da vida al emprendimiento. Siempre hay que contar con un capital de 6 a 9 meses, que es el tiempo promedio para saber si tu emprendimiento será redituable o no.

- Preparación
  Uno de los factores que determinan si estas listo para emprender es la preparación que se tiene acerca de lo que se desea emprender. Si se va a poner un restaurante es importante contar con los conocimientos necesarios para poder administrar un restaurante.
- Experiencia previa en lo que vas a emprender
  La experiencia es uno de los factores más sólidos a la hora de emprender, porque no es teórica, es practica y se requiere tiempo para volverse un experto en un negocio para facilitar el éxito del propio emprendimiento.
- Talento
  El talento es la capacidad que tiene una persona para desempeñar una actividad, tarea o trabajo con habilidad nata, y sin esfuerzo.
  Si tienes un talento que te precede y quieres emprender utilizando tu talento estas en buen camino.
- Motivación
  El motivo interior que hace que una persona tome acción. La motivación nace en el interior de una persona y se refleja en su exterior.
  Tener una motivación para emprender es indispensable ya que te da la fortaleza necesaria para dar pasos hacia adelante.
- Mentor

Tener un mentor es sumamente indispensable para emprender puesto que su experiencia hará que no inicies de cero, sino, desde su experiencia y aprenderás en el proceso.
Por lo regular los mentores no son gratuitos y deberás pagar por su tiempo y experiencia. Vale la pena tenerlo porque ayuda a reducir el tiempo para que el emprendimiento sea exitoso.

- Plan de trabajo
  Antes de tomar la decisión de emprender es de suma importancia crear un plan de trabajo el cual servirá para darle seguimiento de forma ordenada al emprendimiento. Como consejo personal por mis fracasos te recomiendo NO emprendas si no tienes un plan de trabajo.

Sin embargo, estos factores no garantizan el éxito, pero si ayudan a acercarse.

> "Tienes que confiar en algo, ya sea tu instinto, el destino, la vida, el karma, en lo que sea.
>
> ***Steve Jobs***

Experiencia: estos factores son importantes, sin embargo, el más importante para mí ha sido el tener un mentor. Esa persona que acompaña a hacer realidad una idea desde su experiencia. El mentor busca siempre motivar al emprendedor con enseñanzas prácticas y buscando siempre el beneficio del emprendedor. No es gratuito en la mayoría de los mentores profesionales, pero son muy efectivos. Necesarios para cualquier emprendimiento.

¿Cuándo es el mejor momento para emprender?

Emprender no es un juego, no se trata de ir al gobierno a crear una empresa para decir que eres emprendedor. Emprender es un arte y se requiere mucho valor, tiempo, esfuerzo y seguimiento.

Las estadísticas no son favorables para el emprendedor. En realidad, las estadísticas siempre están en contra de los emprendedores.

El 85% de los emprendimientos muere en los primeros 3 años, el 95% muere antes de los 10 años.

Basado en esta estadística ***¿Cuándo es el mejor momento para emprender?***

El mejor momento es cuando inicia el interés por independizarse. Aunque no hay un momento exacto para emprender, una fecha, una edad y solo hay un motivo, hay que prepararse para emprender.

Lo más importante es saber que se quiere emprender, buscar el aprendizaje necesario y darle forma a esa idea que ronda a diario por ser ejecutada.

Conocer los talentos y aprovecharlos al máximo.

> "Solo hay una manera de evitar la crítica: no hacer nada, no decir nada y no ser nada.
>
> ***Aristóteles***

Experiencia: Mi primer emprendimiento fue a los 30 años desarrollando una plataforma de ecommerce. Fue mi primer fracaso y muy doloroso. Me desanimé y no volví a emprender hasta 5 años después.

Tuve varios emprendimientos que fracasaron, pero me enseñaron que iba en el camino correcto, puesto que estaba adquiriendo muchas habilidades necesarias para mi siguiente emprendimiento.

Hoy mis emprendimientos han madurado, otros están en proceso de madurar y otros emprendimientos están en la incubadora esperando el momento de capitalizarlos y encenderlos.

¿Cuándo NO debes emprender?

En el mundo del emprendimiento hay muchos factores que se deben de tomar en cuenta antes de emprender, pero también hay factores que son indicativos para que no emprendas, como son:

- Cuando la ilusión no tenga una investigación
  Es normal que cuando tenemos una ilusión, buscamos hacerla realidad y confiamos en que será un éxito por el simple hecho que nuestro corazón nos lo dice "HAZLO, SERA UN ÉXITO". Investiga primero si tu ilusión es posible antes de quererla hacer realidad.
- Cuando no estes dispuesto a sacrificar más de 8 horas al día.
  Emprender no significa que trabajaras menos que un empleado, al contrario, no tienes un horario fijo menor a 8 horas. Al inicio del emprendimiento es más demandante.
- Cuando creas que te vas a hacer millonario de la noche a la mañana.
  Solo existen pocas personas que se han hecho millonarios en muy poco tiempo, sin embargo, hay que conocer su proceso para entenderlo. La realidad es que es casi imposible lograrlo. Para eso hay que trabajar muy duro y con muchos sacrificios.
- Cuando creas que tu idea es única.
  En esta era no hay ideas únicas, ya alguien la pensó antes que tú. Si consideras que tu idea es única y

nadie la va a copiar evalúa bien si vas a emprender porque puedes decepcionarte.

- Cuando no estes acostumbrado al fracaso.
  La mayoría de los emprendedores hemos fracasado al menos una ocasión y es muy difícil levantarse y volver a empezar. No quiere decir que si es tu primer emprendimiento no debas intentarlo. Solo quiere decir que debes estar preparado ante el fracaso.
- Cuando eres conformista.
  Una persona conformista no cabe en el mundo del emprendimiento. Tal vez solo cubra los gastos, pero no generara libertad financiera.
- Cuando no tienes un plan de negocio.
  Sin un plan trazado, una ruta diseñada o un plano del negocio con objetivos claros y fechas definidas, lo mejor es NO emprender. Lo más seguro es que el negocio no prospere y se tendrá que cerrar.
- Cuando no estas preparado psicológicamente para el estrés y la presión.
  Estas dos palabras se vuelven parte de tu diario vivir, estrés porque no has podido cobrar y presión por que los empleados exigen su pago. Debes estar preparado para ello.

Todos estos factores han sido señalados por emprendedores que tomaron riesgos y fracasaron, se levantaron y ahora solo les quedo como una muy mala experiencia.

“Cuando todo parece ir en tu contra, recuerda que el avión despega contra el viento, no a favor de él.

Henry Ford

Experiencia: estoy consciente que muchos de mis emprendimientos no debí haberlos iniciado, pero como nadie aprende en cabeza ajena, lo hice y fracasé. Ahora que ya conozco el camino mejor trasado, es el que sigo para darle forma a mis emprendimientos futuros. Ahora lo que me falta es tiempo que estoy aprendiendo a gestionar para abarcar más.

¿Cualquier persona puede emprender?

La respuesta clara es si, cualquier persona puede emprender, sin embargo, no cualquier persona puede tener éxito.

Hay que entender que emprender es como otros talentos cuando se tiene se explota y si no se tiene se adquiere, pero hay personas que no lo tienen y no lo tendrán jamás, deberán aliarse a personas que le ayuden en su emprendimiento.

En el caso del futbol todo mundo quiere ser Messi, su pegada, precisión y efectividad lo hacen único, agregar pasión y habilidades únicas es fenomenal. Eso mismo pasa con cantantes como Pavarotti en la ópera, Fredy Mercury, Whitney Houston, Michael Jackson, Luis Miguel o Frank Sinatra por mencionar algunos que tienen voces privilegiadas ya que su estructura vocal es única de nacimiento y la potenciaron en su desarrollo.

En el emprendimiento es igual, se debe tener talento para emprender, poder manejar el estrés, la presión y todo lo que conlleva emprender. Hay personas más tolerantes a esos factores y que se adaptan mejor a los cambios.

> "Haz lo que haces tan bien, que tus clientes querrán volver con sus amigos para verlo otra vez.
>
> ***Walt Disney***

Experiencia: En mi caso fue difícil encontrar mi talento puesto que no es visible como en el futbol o cantar. Supe que de futbol tenía dos pies izquierdos y de cantar, mi gallo lo hacía mejor que yo. Pero si encontré habilidades únicas de emprendedor que podía explotar y es lo que he venido haciendo después de mi trabajo anterior.

Hoy tengo una consultoría de tecnología con empleados que tienen alguna discapacidad, un taller industrial, un taller de creación de estaciones de trabajos móviles, food trucks, etc.

Nuevos proyectos en puerta que están esperando ser ejecutados.

¿Cuál es la mejor edad para emprender?

Emprender puede ser a cualquier edad, hay emprendedores jóvenes menores de 15 años como: Fraser Doherty, fundador de SuperJam, Christian Owens, fundador de Mac Bundle Box, emprendedores menores de 30 años como Mark Zuckerberg, creador de Facebook, Steve Jobs, cofundador de Apple, o Marcos Galperín, fundador de Mercado Libre o mayores de 30 como Jeff Bezos, fundador de Amazon, Jan Koum, creador de Whatsapp o Jack Ma fundador de Alibaba.

No existe una edad puntual que se deba emprender, pero si hay estadísticas de edades más propicias para dar el salto.

De acuerdo con la investigación de Un café para emprender la mejor edad esta entre 31 y 40 años, ya que es cuando un emprendedor tiene la energía y madurez que le permitirá llevar su emprendimiento al éxito. Esto no es una garantía puesto que depende de muchos factores adicionales, pero estadísticamente ha sido el rango de edad con mayores emprendedores.

> "Nunca es tarde para emprender un nuevo rumbo, vivir una nueva historia o construir un nuevo sueño.
>
> ***Desconocido***

Experiencia: Para mí la mejor edad está en el rango de los 30s, que es cuando inicia la madurez profesional y personal, hay más conocimiento de lo que se quiere emprender, se tienen más habilidades de venta, sabe cómo capitalizarse y mantiene contactos claves.

Insisto, no es la verdad absoluta, es solo mi marco de referencia por mi experiencia y el de muchos emprendedores entrevistados.

Una buena idea

La mayoría de las personas creen que deben resguardar una idea dentro de una caja de seguridad con más de mil candados y con guardias 24x7x365 días.

Una idea vale 0, solo tendrá valor hasta que sea ejecutada y el uso de las personas le asignen su valor.

La idea que tu tengas, ya alguien más en el mundo la tuvo. Probablemente ninguna de las personas que tiene esa idea la ha hecho realidad, puesto que están en la misma creencia que tú y han desperdiciado su tiempo en protegerla, que en ejecutarla.

Tener una buena idea no siempre es suficiente, falta encontrar una buena oportunidad o una necesidad insatisfecha en el mercado. Una buena idea solo es el primer paso de algo posiblemente grande.

Generalmente las buenas ideas naufragan cuando no sabemos comunicarla. Y uno de los problemas esta entre el entusiasmo y la arrogancia que marcan un bloqueo invisible para poder transmitir esa buena idea.

Saber transmitir una buena idea es muy parecido a un proceso de seducción. No solo hay que tener una apariencia hermosa, hay que mostrarse, coquetear, volverse interesante, conseguir la atención y dar la estocada.

Este proceso es el que se debe pulir, cuidar y proyectar.

La primera impresión es la que cuenta: No la desaproveches.

"Nunca tendrá una segunda oportunidad para caer bien.

Groucho Marx

Experiencia: He aprendido que una buena idea no es suficiente, pero saber transmitir una idea por más mala que esta sea es genial. El poder de saber transmitir una idea es mejor que la idea misma. Aprendí que una de las marcas más famosas de refrescos en el mundo vende más por la manera que transmite su producto, que por el producto en sí.

En una competencia de planes de negocios en Houston, Texas. tuve la oportunidad de presentar una gran idea que después se volvió uno de mis negocios. 4 minutos era el límite de tiempo para mostrar mi negocio y convencer al jurado. Me di cuenta de que en el concurso había ideas mejores que la mía, sin embargo, gane el primer lugar por la forma en que lo presenté, llegue al corazón del jurado y me felicitaron por eso.

El mejor maestro, el fracaso.

Muy pocas personas saben que fracasar te da las mejores lecciones.

Muchos emprendedores exitosos están de acuerdo en que el fracaso les ha dejado los conocimientos necesarios para conocer el éxito. La mayoría de las personas temen fracasar, más por el qué dirán "tema social", que por el dolor que implica aceptar el fracaso.

En el ámbito emprendedor, el fracaso tiene muchas formas de manifestarse. Algunas de ellas son: la pérdida de ventas o de oportunidades de negocio que se esfuman. Esto llega a desanimar a los emprendedores y en menos de dos años cierran su emprendimiento.

Aprender del fracaso es darle de manera positiva un giro de 360 grados a un emprendimiento fallido, aceptar que hubo fallas en el proceso y que se pueden remediar es cuando el fracaso se vuelve un mentor. El mentor más importante no solo del emprendimiento, sino de vida.

Cuando se fracasa, lo primero que se debe evitar es la avalancha de pensamientos pesimistas y dejar de culpar a alguien más, al entorno o a las emociones. Lo primero que hay que hacer es tomar las riendas y aceptar las responsabilidades de lo que paso.

"Hay que gastar los fracasos para disfrutar de los éxitos.

Humberto Aguilar

No hay emprendedor exitoso que no haya fracasado alguna ocasión.

Cualquier emprendedor antes de emprender debe no solo saber, sino, estar consciente que antes del éxito habrá miles de fracasos y deberá estar mentalmente preparado para ser resiliente, levantarse a cada vez que caiga y volver a pararse para continuar hacia el éxito.

Experiencia: No sé cuántas veces he fracasado, cuantas veces he caído y cuantas veces he llorado de impotencia por lo que he perdido. He emprendido muchas veces y he experimentado grandes cambios positivos que me hicieron crecer más allá de lo esperado.

Entendí que cualquier reto es doloroso al principio, pero es muy recompensante al final. Una vez que ves el resultado del esfuerzo, te das cuenta de que no había excusas para iniciar. A veces me preguntaba ¿porque no lo hice antes?

Ser positivo

Es muy fácil decir se positivo, pero es más difícil de lo que parece. Los beneficios de ser positivo son muchos y la mayoría son intangibles, sin embargo, se reflejan en los resultados.

Es más fácil que lo negativo se contagie 10 veces más rápido que lo positivo. Esto se nota en el ambiente laboral cuando se le ve la cara desencajada al jefe y los empleados se dan cuenta, el entorno toma seriedad y preocupación por lo que vaya a decir. También se nota en el hogar cuando el papa está enojado y los hijos notan la frustración a través de sus mensajes en tono alto. Cuando una persona molesta en la calle comienza a ofender a un transeúnte. Así como estos hay miles de ejemplos contagiosos que rodean diariamente.

Ser positivo es la capacidad de percibir el ambiente o entorno de una manera constructiva y tomando solo la parte importante con la que se puede generar algo bueno. Es tomar lo mejor de la realidad y discernir lo malo en ríos de bondad.

En los negocios ser positivo significa desarrollar habilidades para resolver problemas que nos permiten procesar la información compleja con mayor claridad.

Ser positivo no es genético, es una habilidad que se va adquiriendo con el tiempo, el entorno y la experiencia. Al igual que un ser negativo, el positivo tiene un campo gravitacional que atrae a las personas de tal forma que cambian de manera radical y momentánea.

Para un emprendedor ser positivo es esencial, sin importar las circunstancias que se presenten. La mente debe estar bien enfocada, evitar las quejas o cualquier actitud negativa, sin perder el tiempo.

Beneficios de ser positivo:

- Manejo del estrés
  Tener pensamientos positivos controla el nivel de estrés.
- Mayor habilidad para resolver problemas
  Ayuda a mantener al mente enfocada en la solución de problemas.
- Mejora el humor
  Ser positivo mantiene a raya el contagio del mal humor y fortalece los lazos de los grupos.
- Aumenta las probabilidades de concretar proyectos
  La positividad radia buena energía y denota confianza, un síntoma que los clientes agradecen.
- Aumenta la creatividad
  Diversas investigaciones han demostrado que pensar en positivo nos permite ser más creativos y desatar más imaginación.

"Mantén una mente positiva y ríete de las cosas negativas.

Desconocido

Experiencia: ser positivo y radiarlo a todas las personas de mi entorno ha sido muy beneficioso no solo para mí, sino también, para todas las personas alrededor mío. La mayoría de las veces llegaba a la oficina saludando, bromeando, animando a las personas, contando alguna experiencia chistosa o simplemente riéndome por algo que acababa de ver. Todos me decían que estaba loco, pero no dejaban de ir a mi oficina para distraerse, desestresarse o ir a divertirse. A veces creo que me pagaban por hacer reír a la gente que por lo que trabajaba.

Aprendí que es más fácil mover el mundo sonriendo que tratar de hacerlo enojado.

¿Porque fracasa un emprendedor?

Las estadísticas hablan por sí solas y al respecto hay mucha información acerca del porcentaje de fracasos y éxitos al emprender.

De acuerdo con la compañía de software financiero Bloomberg, el 75% de los nuevos negocios fracasan en sus tres primeros años de vida.

Hay miles de razones por las cuales un emprendedor fracasa, sin embargo, algunas de mayor importancia son.

- Emociones
  Los negocios no se rigen por las emociones, se rigen por los planes, estrategias y modelos bien pensados.
  Es importante tener emociones para crear negocios, pero solo si se utilizan como motivación para empujarte a que las cosas sucedan, pero para dirigir un emprendimiento y más en los primeros años deberás dejar tus emociones aun lado ya que necesitaras de la frialdad calculadora de los planes realizados antes de emprender.
- Falta de experiencia
  La mayoría de los casos que han fracasado, los emprendedores tienen una buena idea, están muy animados, sin embargo, la falta de experiencia empieza a poner trabas en el camino que van desmoralizando al emprendedor y terminan por dejar que el tiempo los consuma.

- Capital insuficiente
  Otro factor que ha sido clave es el capital proyectado para emprender se vuelve insuficiente, ya que no se toman en cuenta factores económicos claves y solo consideraron los grandes costos, pero no los costos mínimos que en sumatoria suelen ser un gran dolor de cabeza. Tanto que terminan por dejar el proyecto sin concluir.
- Creer que la gente piensa igual que tu
  Muchas veces creemos que nuestros gustos son compatibles con los gustos de los demás y hacemos cosas que estamos seguros de que serán un éxito rotundo, sin embargo, el resultado es un rotundo fracaso y trae consecuencias difíciles de entender.
- Mala gestión de las mercancías y productos
  Aquí es donde las fugas empiezan a matar al emprendimiento por la mala administración, no solo del almacenamiento, sino también del costo mal cuidado.
- Compromiso
  La falta de compromiso es un factor clave que determina el fracaso de cualquier emprendimiento por más prometedor que este parezca. Es mejor no emprender que dejar todo empezado.

- Diferenciación
  Pasa cuando solo se copian los emprendimientos, pero no hay nada que los distinga de los demás, por lo que un cliente preferirá ir con otro proveedor que pueda darle valor agregado a través de la diferenciación de sus productos o servicios que comprar en un lugar que no tiene un plus.
- Marketing
  la mercadotecnia es un factor que no se considera en presupuesto para darle un gran empuje al emprendimiento y esto hace que un emprendimiento nazca débil y carezca de visibilidad.

En resumen, todos estos problemas se pueden prevenir con una buena planeación previa y objetiva. Donde no existan sentimientos de por medio.

> El fracaso es simplemente una nueva oportunidad de empezar de nuevo, esta vez de forma más inteligente.
>
> ***Henry Ford***

Experiencia: Yo fracase en mis primeros emprendimientos por falta de conocimientos, experiencia y capital para sostener mi emprendimiento después de los 6 meses. Me desanimaba muy rápido porque quería ver ganancias en el mismo mes que emprendía y no entendía porque si una idea era buena, no obtenía los resultados esperados.

Aun conociendo historias de emprendedores que han fracasado por las mismas razones, nunca lo entendí "Una persona no aprende en cabeza ajena", hasta que lo experimenté yo mismo.

¿Se puede iniciar un negocio sin dinero?

Hay miles de opiniones que indican que se puede hacer un negocio sin dinero, sin embargo, todo depende de la lupa con lo que se mire.

No hay negocio que no requiera capital, tal vez, no es visible como uno espera, pero está en los detalles.

El activo que respalda directamente al dinero es el tiempo, el costo por comer no es dinero, es tiempo, el costo por vestir no es el dinero, es el tiempo. Solo que el tiempo no es un activo palpable, que se pueda canjear y que te den tiempo de vuelto. Por lo tanto, un negocio requiere tiempo de una persona, que tiene un valor económico traducido en dinero. Tal vez por esta razón quienes dicen que no se requiere dinero para crear un negocio no tienen idea del valor de su tiempo.

No se puede crear un negocio sin dinero "tiempo", lo que si puede ser es iniciar un negocio con muy poco dinero.

Muchas compañías grandes comenzaron en un garaje "lugar privado donde se guardan los autos" como son:

1. Apple
2. Amazon
3. Disney
4. Harley Davidson
5. Lotus Cars
6. Microsoft
7. Google
8. Mattel
9. YouTube

10. HP Hewlett Packard

Son grandes empresas con grandes historias inspiradoras que comenzaron con muy poco presupuesto. Pero ¿por qué la gente dice que empezaron sin dinero?, porque no toman importancia a los detalles.

Iniciar en un garaje también tiene sus costos, solo que estos serán más bajos.

Todas estas compañías no podían solventar los gastos mensuales de una oficina formal y bien establecida, sin embargo, la mayoría fueron apoyadas por sus padres, prestándoles ese espacio donde muchos dueños de casas en USA los utilizan como cuarto o almacén y no como estacionamiento particular de autos.

Costo inicial, para que una persona se instale en un garaje:

Costo inicial 1 persona	Costo
Mesa	$ 100.00
Silla	$ 50.00
Computadora	$ 500.00
Escritorio	$ 100.00
Papelería	$ 50.00
	$ 800.00

Este costo de $800.00 Dlls está basado en lo mínimo indispensable para empezar a trabajar. Sin embargo, existen gastos concurrentes que se deben tomar en cuenta como son:

Sueldos	Costo
Todólogo	$ 300.00

El primer salario que se debe de cubrir es el del emprendedor que inicialmente es un todólogo el cual solo sobrevive con un sueldo muy pequeño solo para comer. Sin lujos, ni gastos diversos.

Y por último los gastos fijos:

Costos fijos mensuales	Costo
Garaje	$ 500.00
Internet	$ 50.00
Luz	$ 50.00
Agua	$ 50.00
Gas	$ 20.00
	$ 670.00

En resumen, bajo esta lupa hemos demostrado que ningún negocio puede iniciar sin capital. No importa quien lo pague en un principio, pero se debe de tener capital.

En el caso de estas grandes marcas fueron apoyados en sus inicios por sus familiares y después de posicionarse tuvieron la oportunidad de crecer hasta lo que hoy conocemos.

Un negocio empieza con una idea, se fortalece con un sueño y se inicia con capital.

Humberto Aguilar

Experiencia: En uno de mis primeros emprendimientos creí que con solo crear una empresa de servicios no tendría que realizar ningún gasto puesto que se basaba en enseñar a las personas hablar en público y otro tipo de coaching. La realidad me enseño que, aunque no tenía una oficina como tal, si consumíamos papelería, cámaras de video para grabar las clases, compra de vuelos para traslado, renta de espacio para las clases, etc.

No era un gran gasto, pero los primeros meses yo lo respaldaba con lo que ganaba en mi empleo de tiempo completo.

Me deje llevar por el impulso y una gran idea, falto una verdadera planeación para poder iniciar este negocio y más para hacerlo crecer.

Además, falto que las socias tuvieran el mismo interés que yo tenía y la pasión que sentía por este negocio.

Socios

La palabra socio viene del latín socius (compañero). Este vocabulario se define a una persona o individuo asociado, ligado, afiliado, agremiado, coligado, confederado o incorporado con otra(s) para alguna finalidad. Individuo que forma parte de alguna sociedad o una agrupación de personas con la misma finalidad.

Uno de los secretos del éxito de una sociedad es escoger minuciosamente al o los socios, de tal forma que debe tener ciertas características que complementan los faltantes del emprendedor.

Cada socio debe cubrir características esenciales básicas y características complementarias para que el negocio funcione correctamente.

> "La Geografía nos ha hecho vecinos. La Historia nos ha hecho amigos. La Economía nos ha hecho socios, y la Necesidad nos ha hecho aliados. Aquellos a quienes Dios ha unido, que no lo separe el hombre.
>
> ***John F Kennedy***

¿Cómo elegir un socio?

1. Química
   Tener una buena relación con tu socio es indispensable, pero tener química, apoyarse, complementarse, entenderse y seguirse es fundamental para que una sociedad funcione.
2. Competencias
   Un socio competente, con capacidades sobresalientes y dispuesto aportar en el negocio. Profesional en lo que sabe hacer.
3. Confianza
   Una persona clave en la que se puede confiar ciegamente ya que son importantes en la transformación de la empresa.
4. Complementarios
   Persona que puede desarrollar en otras materias donde complementa con sus conocimientos y no un socio que haga lo mismo que el socio principal.
5. Resilientes
   Socio con experiencia en fracasos, que sepas que se puede levantar de cualquier caída y no un socio que en el primer problema huye.
6. Comprometidos
   Socio capaz de estar en cualquier hora, momento y lugar sin necesidad de presionarlo. Que se comprometa con el negocio al 100 y más.
7. Contactos
   Un socio con contactos es un socio que trae posibles clientes, lo que es rentable para cualquier negocio.

8. Flexible
   Un socio con flexibilidad para llegar a acuerdos, con argumentos razonables y abierto a cualquier platica.

> La confianza se gana, el respeto se da, la lealtad se demuestra.
>
> ***Desconocido***

Experiencia: En mis primeros emprendimientos elegia socios con similares características que las mías, quería que fueran igual que yo, no me complementaban, me igualaban. Después elegia a mis socios por ser mejores que yo, pero no me complementaban, no me igualaban, solo me superaban. Después conseguía socios más inteligentes, pero siempre tenían límites. Ahora consigo socios leales, capaces y con hambre de triunfar, ha sido la mejor opción.

Errores comunes al escoger un socio:

- No se requiere un socio para cierto tipo de negocio.
  Muchas veces se busca un socio para un negocio que solamente una persona lo puede llevar y no es necesario traer a alguien más que no va a aportar nada. El temor por emprender hace que los nuevos emprendedores busquen con quien compartir la responsabilidad, aunque no sea necesario. Si el negocio falla la responsabilidad se divide y es menos doloroso cuando se culpa al invitado.
- Falta de contrato.
  Nunca se debe iniciar un emprendimiento sin un contrato de por medio, ya que a los socios se les olvida el alcance de sus responsabilidades.

  Este es un error de novato muy común el cual se piensa que su socio jamás lo va a traicionar, aprovechar o quedarse con el negocio.

- Confundir amistad con sociedad
  Muchos socios entran al negocio por amistad y saben manipular muy bien esa parte. Sin embargo, confunden la amistad con la sociedad y son dos cosas que tienen diferente connotación y exigencia.

  No hacer negocios con amigos si no se documenta en un contrato la relación, responsabilidades y beneficios.

- Habilidades no complementarias

Pensar que tener las mismas habilidades serán complemento, sin embargo, en la mayoría de los emprendimientos se requieren habilidades diferentes que complementen las carencias de uno con las fortalezas del otro.

- Valores contrarios
  Cuando los valores contrastan entre los socios es mejor no asociarse ya que al principio se pueden tolerar, pero en algún punto en el tiempo va a molestar tanto que terminara en ruptura si no hay tolerancia.

Sé humilde para admitir tus errores, inteligente para aprender de ellos y maduro para corregirlos.

David Fischman

Experiencia: en mi carrera como emprendedor me he equivocado muchas veces, pero en uno de mis negocios escogí a un par de socias que pensaba me complementaban. Inicialmente hablé con ellas, les dije en que me había fijado para hacerlas mis socias, les dije que el negocio seria dividido justamente en partes iguales "con el fin de que se motivaran y dieran más del 100%" y todo surgió muy bien al principio. Como todos los negocios no dan ganancias en los primeros meses y se vuelve más un gasto porque yo tenía que aportar de mi sueldo. Ellas se empezaron a desanimar porque no recibían ganancias, pero en realidad ninguno recibía ganancias. El negocio exigía más de nosotros y poco a poco se desanimaron y no mantenían el mismo interés e ímpetu que yo tenía. Primero tuve que decirle a una de ellas que ya no quería trabajar con ella puesto que yo terminaba haciendo su parte. Después la otra socia se volvió irresponsable y al final tuve que decirle que ya no tenía caso seguir con esa sociedad. Me frustro mucho el saber que de alguna forma fracasé como socio y que no pude mantener un negocio sano y redituable. Perdí dinero en el tiempo que lo lleve a cabo, pero gane mucha experiencia en la búsqueda de un socio.

Sistematiza tu negocio

En la actualidad negocio que no está sistematizado es muy difícil que sobreviva. Muchos emprendedores solo se enfocan en las ventas como factor clave. Sin embargo, existe también otro factor que ha tomado mucha fuerza con el paso del tiempo y con la adjudicación de la tecnología, lo que lleva a la sistematización de un negocio.

Crear un sistema se refiere a establecer un orden con el objetivo de obtener grandes resultados.

Cuando hablamos de negocios sistematizar se refiere a crear sistemas, procesos y procedimientos para completar tareas de forma estandarizada y óptima. A medida que una empresa crece, no es posible estar al tanto en todo. Es por eso que, para construir un negocio exitoso, es necesario introducir sistemas y procesos que se puedan automatizar tanto como sea posible.

Las empresas mundialmente reconocidas deben su éxito a la adopción de la sistematización de su negocio. Imagina McDonald's si cada uno de sus empleados hiciera las hamburguesas como ellos quisieran. No tuviera el éxito que ha tenido hasta hoy en día. McDonald's no solo sistematizo su negocio, patento su sistema de creación de hamburguesas en un tiempo récord.

Henry Ford (1863 - 1947) fue un célebre hombre de negocios norteamericano. Fundó la empresa Ford Motor, y desarrolló las cadenas de producción que conocemos en la actualidad. El sistematizo su negocio de autos y logro posicionarse como el número uno.

Experiencia: Para mí, como para muchos emprendedores nuevos creía que no era necesaria la sistematización de los procesos y procedimientos puesto que primero era crecer la empresa, sin embargo, en el momento que una empresa crece, exige que se creen sistemas que ayuden a controlar y asegurar el crecimiento continuo y equilibrado del negocio. Conocí la sistematización de los negocios por recomendación de un amigo emprendedor que me dijo que yo necesitaba adoptar sistemas que ayuden a mi negocio a crecer de manera sostenible en el tiempo.

Plan de negocios

Es la receta que te llevará al éxito. Crear un buen plan de negocios permitirá que la creación del negocio tenga los menos errores posibles que impacten en el éxito al abrir.

Un plan de negocio puede ayudar a conseguir inversionistas que desean tener la confianza de que su inversión redituara, o financiadores que apoyen económicamente al emprendedor.

Un plan de negocio será el instrumento que utilizara para convencer a la gente de que trabajar con usted es una opción inteligente.

La mayoría de los negocios que han fracasado antes de los dos primeros años es porque no tenían un plan de negocio que seguir. No había una estructura, un camino, una línea trazada para darle seguimiento a todos los puntos clave para lograr el éxito.

Los emprendedores más exitosos, inversionistas y socios no recomiendan iniciar un negocio sin un plan que lo respalde.

Actualmente existe mucha literatura que indique como crear un plan de negocio, sin embargo, los puntos más importantes a cubrir son:

- Resumen ejecutivo.
  Hay que indicar que es la empresa, objetivos, producto o servicios e información básica sobre el equipo directivo, empleados y ubicación de la empresa. Incluya también información financiera y

planes de crecimiento de alto nivel si tiene pensado solicitar financiamiento.

- Historia
  El contar una historia en el plan de negocio es vital, ya que puede abrir el corazón de los inversionistas y desearan saber más del proyecto o negocio.
- Problema por resolver
  Un buen plan debe tener un propósito a resolver por parte del negocio que se va a ejecutar.
- Propuesta comercial
  Es la explicación de manera clara, sustentada y atractiva lo que puedes ofrecer a tu cliente: cómo le ayudarás a alcanzar sus objetivos y cuánto le costará contratarte para tal efecto.
- Competencia
  ¿Quiénes son?, ¿cuáles son los productos y/o servicios que ofrecen?, ¿cuánto tiempo llevan en tu área de influencia?, ¿dónde están ubicados?, ¿qué cuota de mercado tienen?, ¿cuál es su tipología de cliente?, ¿cuál es su política de precios?, ¿cuál es su estrategia de marketing?, ¿venden online?, ¿hacen promociones o no?, ¿utilizan redes sociales para dar a conocer sus productos?, ¿tienen un blog para conversar con sus clientes.
- Producto o servicio
  El Producto o Servicio es el medio a través del cual una empresa puede satisfacer las necesidades del cliente. Se trata de la materialización o respuesta que una empresa da a las necesidades reales de los

clientes. Es importante poder explicar de que se trata el producto o servicio que se va a ofrecer.

- Mercado
  Se realizan esfuerzos por conocer a los posibles clientes y la competencia. En función del análisis, es posible diseñar una ventaja competitiva y una estrategia de comercialización.
- Modelo de ingresos
  El modelado de ingresos puede ayudar a comprender qué opciones tienen más sentido en la creación de un negocio. Como se van a obtener ingresos en los siguientes 3 años de preferencia.
- Requerimiento financiero
  Cuanto se va a solicitar y como se va a distribuir el gasto. Es una parte imprescindible de la planificación de un negocio. En este tipo de planes financieros se debe recopilar toda la información detallada y cuantificada de los planes y objetivos que vaya a desarrollar tu empresa. Deben aparecer todas las áreas de funcionamiento del negocio.
- Equipo de trabajo
  Uno de los elementos más importantes de cómo hacer su plan de negocios es la sección que ofrece información acerca de por qué usted y su equipo de gestión son los individuos más calificados para iniciar y ejecutar este nuevo emprendimiento. Tendrá que describir la estructura de su organización, y quizá tendrá que ofrecer incentivos para atraer personal calificado y una descripción de los puestos de trabajo que llevará a cabo.

"El éxito no se logra solo con cualidades especiales. Es sobre todo un trabajo de constancia, de método y de organización.

J.P. Sergent

Experiencia: estoy plenamente convencido que ningún emprendedor debería iniciar un negocio sin un plan de negocio redactado a conciencia y validado por un mentor.

Es sumamente clave tener este mapa que reducirá los errores en el camino de la construcción del nuevo negocio.

Lugar correcto

En un experimento iniciado por el columnista de The Washington Post, Gene Weingarten, Bell se puso una gorra de béisbol y actuó como músico callejero de incógnito en la estación de metro L'Enfant Plaza en Washington, DC el 12 de enero de 2007. El experimento fue grabado en video con cámara oculta; de las 1,097 personas que pasaban, siete se detuvieron a escucharlo y uno lo reconoció. Por su actuación de casi 45 minutos, Bell recaudó $32.17 dólares de 27 transeúntes. Tres días antes, ganó considerablemente más tocando el mismo repertorio en un concierto.

Algo que no se le presta nada de atención es al lugar donde estamos. Nadie se cuestiona si es el lugar correcto o perfecto para desarrollarnos. Nos hacemos a la idea de que es el lugar donde nos tocó estar y nos amoldamos a la situación sin cuestionarnos nada al respecto.

Sin saber caemos en la conformidad y muchas ocasiones creemos que si algo pasa es por nuestras incompetencias. Si embargo, así como al violinista, habemos personas que el lugar donde nos queremos desarrollar no nos beneficia en nada, no nos da valor y mucho menos aprecian lo que hacemos.

No es culpa de la empresa o negocio que nos contrató para laborar ahí, es culpa de nosotros que no sabemos cuantificar nuestro esfuerzo y lo que valemos.

Tampoco es culpa de quien nos renta un espacio para poner un negocio.

La culpa es solo nuestra por no analizar y cuestionar si lo que somos o lo que estamos buscando se adecua perfectamente a nuestros intereses.

> Si somos un pez más grande que el estanque en el que fuimos creados, en lugar de adaptarnos a él, debemos buscar el océano.
>
> ***Paulo Coelho***

Experiencia: Muchas veces quise adaptarme a un lugar por necesidad o por miedo al rechazo. Sin embargo, el tiempo empieza a incomodar y a sacarte del lugar donde estas.

He trabajado en muchas empresas y he descubierto que llega el momento donde me quedaron chicas para lo que yo proyectaba ser en mi vida personal y profesional.

Descubrí que ya no era el lugar correcto para mí y lejos de hacerme un bien, me empezó hacer daño. Cambie mi actitud y dejo de agradarme el lugar, el ambiente y todo empezaba a ser molesto.

Lo mejor fue renunciar, salir a buscar un mejor lugar para mí y así fue como recupere mi sonrisa y felicidad.

Obtener clientes

Dentro del proceso de crecimiento del emprendimiento esta la captación de los clientes. Anteriormente el proceso era más lento puesto que los agentes de ventas tenían que ir a tocar puertas de los negocios, conseguir el contacto correcto, hacer las citas, entender al posible cliente, mostrar el producto o servicio a vender, aplicar la psicología necesaria para persuadir y al final cerrar la venta. Actualmente el proceso se reduce en tiempo, ya que existen muchas aplicaciones tecnológicas de prospectación que han permitido entablar conversaciones con clientes de manera remota, a través de video conferencias.

> "El 90% de una venta es convicción y el otro 10% es persuasión
>
> ***Shiv Khera***

Existen muchas técnicas estratégicas para conseguir clientes, por mencionar algunas:

1. Llamada fría: convencer a los clientes mediante conversaciones en tiempo real.
2. Inbound marketing: atrae la atención de tus clientes utilizando contenido interesante.
3. Publicidad por visualización: céntrate en tu mercado objetivo.
4. Publicidad SEA: pago por clic para llegar a tus leads de calidad inmediatamente.
5. LinkedIn: hacer nuevas conexiones para vender más.

6. E-mail Marketing: tus clientes potenciales tengan tu marca siempre en mente.
7. Marketing de afiliación: permite que otras empresas te ayuden a vender.
8. Programas de recomendación o utiliza el boca a boca para conseguir nuevos clientes.
9. Marketing de eventos: convence a los clientes potenciales cara a cara.

El poder de socializar

Socializar es un arte si se aprende de la manera correcta. Es el proceso mediante el cual el ser humano aprende de su entorno, como convivir, lenguaje, cultura y costumbres para poder manejarse ante la sociedad.

Como las sociedades son diversas y muy complejas se requiere de ciertas fases y niveles de relación para pertenecer a ese entorno.

Tanto en ambiente laboral, como en el emprendimiento, socializar implica estudiar a fondo todos los componentes que fortalecen al círculo social. Hay que invertir tiempo para crear poder.

Quien tiene poder de socializar se vuelve un camaleón en la selva, solamente es visto de la manera que quiere que lo vean. Hoy las redes sociales han modificado en gran medida el arte de socializar.

Hay puntos clave que se deben tomar en cuenta para socializar.

- Crear una historia personal de sacrificio
- Sensibilizar con el circulo social
- Mostrar apoyo incondicional
- Asistir a reuniones
- Mostrarse humilde

Lado obscuro del emprendimiento

El emprendimiento también tiene un lado obscuro que muchas personas utilizan para poder alcanzar el "éxito" rápidamente, aunque no de la mejor manera, dejando a un lado la lealtad, honestidad y la ética.

Parece imposible de creer, sin embargo, esto es más común de lo que pensamos. Existen muchos emprendedores desleales y hacen hasta lo imposible para poder ganar proyectos.

Desafortunadamente esto se ve más en los países latinoamericanos, no quiere decir que no suceda en los países primer mundo, solo que son más precavidos.

Algunos de los trucos más conocidos para poder ganar proyectos son:

- Fiestas especiales para el cliente
  Esta es una estrategia bien utilizada y una de las más efectivas puesto que utilizan el cerebro para manipular su lado agradecido y lograr una respuesta solida de regreso.
- Ofrecer efectivo por proyectos
  Este truco es de los más viejos y fáciles de esconder, puesto que se pacta un monto para el dueño del proyecto y se agrega al costo total del mismo, el cual será entregado en efectivo o en especie que se pacte.
- Sobresueldos

Son más sencillos de rastrear cuando se tiene sospecha de alguien, pero mientras no se sospeche pasa desapercibido.

- Cotizaciones falsas
  La famosa regla de las 3 cotizaciones, donde un mismo proveedor cotiza y busca a otros 2 proveedores aliados y les pide que creen una cotización mayor a la del primero para llevarse el proyecto, en caso de que se decida por el segundo o tercero aun así la comisión esta lista.
- Sexo
  Muchos emprendedores utilizan esta estrategia como una moneda de cambio. Nadie se da cuenta, se puede hacer a cualquier hora del día y no se puede tener rastro al menos que sea a través de una investigación formal.
- Sobornos personalizados
  Aplica con casas, carros, viajes, etc. que compra el proveedor y permite que el dueño del proyecto utilice mientras se lleve la relación ganar-ganar.
- Donaciones
  De aquí es donde nace el lavado de dinero y es otra forma práctica de comprar a los responsables de los proyectos.

Obviamente esto es algo que nadie plasma en un libro o que orienten sobre estrategias, no son buenas, pero funcionan.

> "La sinceridad genuina abre los corazones de las personas, mientras

que la manipulación hace que se cierren.

Daisaku Ikeda

Experiencia: En mi trayectoria tuve muchas experiencias de proveedores queriendo comprar mi autorización para aceptarlos en diferentes proyectos, me invitaban a comer y aprovechaban en medio de la comida para comprometerme que los apoyara y en otras ocasiones eran más directos e inmediatamente querían sobornarme con dinero, especies o sexo. Desafortunadamente todas estas artimañas que se utilizan no permiten que emprendedores capaces, leales, con ética y moral no sean considerados en proyectos donde ellos pueden ser más efectivos e incluso como dueño del proyecto brillar.

El juego social

Uno de los factores más importantes que un empleado y/o emprendedor deben aprender, es acerca de cómo utilizar la parte social a su favor.

Puedes ser el mejor en lo que haces, el más capaz, el más rápido, el más honesto, el más leal, sin embargo, si no tienes dominada la parte social difícilmente vas a poder llegar a lograr el éxito de forma rápida, mucho menos tener grandes ganancias.

Experiencia: Un excelente maestro y mentor de la maestría nos dijo una vez en clase. El 80% es social y el 20% es talento. Pero el éxito está en que uno es el complemento del otro.

Si tienes el 20% de talento, pero nada de social, seguramente solo serás el GURU, el inteligente, la persona que resuelve. Pero no llegaras lejos, puesto que estarás topado.

Si tienes el 80% social, pero nada de talento, llegaras muy lejos rápidamente. Pero así de rápido se darán cuenta que no puedes resolver un problema.

Si tienes el 80% social y el 20% de talento, tienes el éxito asegurado.

Aunque nadie tiene la verdad absoluta, este dato es una referencia de lo que grandes mentes han descubierto acerca de lo importante que es estar socialmente equilibrado.

Para saber cómo jugar el juego social es importante conocer:

1. El campo de batalla
   Esto quiere decir que debes conocer el lugar donde te vas a desarrollar y de igual manera las reglas que se deben respetar. Cada sitio tiene su propio espacio y sus propias reglas a seguir. No puedes actuar de la misma forma en todos los lugares que estes, los clientes que visites o los proyectos que desarrolles. Siempre hay que moverse a favor de la corriente y no en contra.
   Solo los valientes se mueven en contra de la corriente y los inteligentes se mueven a favor de esta.
   Ejemplo: ¿los clientes siempre tienen la razón?
   Los valientes dirían NO
   Los inteligentes dirían SIEMPRE
   Un estudio indica que el 95% de los encuestados dicen que los clientes siempre tienen la razón.
   Sociablemente significa que el valiente no llegara lejos.

2. Los jugadores
   Conocer a los jugadores es de suma importancia ya que te permitirá tener la ventaja en el juego social. Esto quiere decir que antes de una reunión con los clientes, o con los diferentes equipos de trabajo, es importante estudiar a cada persona que está en juego.

Hay que investigar la parte personal y profesional de cada persona, y usar esa información para persuadir a los jugadores.
Ejemplo: Si vas a visitar a un cliente y este es amante de los autos y de la buena comida, lo ideal sería invitarlo a comer y antes de buscar cerrar algún contrato o servicio hablar del auto que tiene, el precio en el mercado, potencia, consumo, actualizaciones, etc. esto abrirá la puerta de la empatía y aumentará en un 35% las posibilidades de cerrar un trato.

En resumen, la neurociencia dice que como seres humanos tenemos que pertenecer a una sociedad. Es por eso por lo que hay que tomar ventaja de esta necesidad de pertenecer y sacar el máximo provecho a cada encuentro que tengamos con un posible cliente, dueño de negocio o alguien que tenga un proyecto.

Recomendaciones para alcanzar el éxito más rápido

Una de las cosas que un emprendedor debe hacer para acercarse al éxito es seguir los pasos de quien ya hicieron lo que ellos desean hacer. Es mejor caminar en un camino andado que solo construir el suyo.

La mayoría de los emprendedores exitosos han seguido un patrón muy característico, que es el copiar lo que otros emprendedores han hecho y después le agregan su magia "Su propia esencia".

Aprender a decir no

La mente es maravillosa y es totalmente manipulable. Tanto si eres un empleado o emprendedor, existe una palabra que puede evitarte muchos problemas si aprendes a manejarla de manera efectiva en todos los ámbitos de tu vida.

Decir NO

La mayoría de la gente se compromete hacer cosas que en realidad no quieren hacer. Están tan comprometidos con su sociedad, comunidad, amistades, familia, supervisores, religión, gobierno, socios, empleados, hasta con sigo mismos que prefieren sacrificarse antes de pronunciar la palabra más difícil que solo tiene 1 silaba, 2 letras y es NO.

El problema radica en el miedo de ser alejados socialmente y dejar de pertenecer a un grupo. Esto lo ha demostrado la neurociencia, sin embargo, también ha demostrado que ese miedo se puede controlar.

Decir que no, evitara que un empleado y/o emprendedor se comprometa a algo que no desea hacer y se ahorrara mucho tiempo, dinero, esfuerzo y alejara a ciertas personas que son necesarias mantener a raya.

Pasos para decir NO

1. Conoce tus límites
   Quien mejor que tu para saber hasta donde puedes llegar. Es mejor decir que no desde el principio y "quedar mal", que quedar mal por que sobrepasa tus límites.

2. Entiende la solicitud
   Saber escuchar es una virtud que se debe desarrollar y para este punto es necesario prestar atención a la persona que quiere algo de ti. Una vez que entiendas el requerimiento podrás preparar tus argumentos para decir que no.
3. Di NO
   La mejor parte, la más corta y la más dolorosa está compuesta por una palabra de dos letras "NO". Solo respira y di no, sin incluir sentimientos de ningún tipo.
4. Prepara tu argumento
   Una vez lograda la meta de decir que no, el argumento será fluido. Deberá ser corto y no más de una explicación sencilla. No, porque no puedo, No, porque no quiero, no, porque no tengo, no porque no.
5. Finaliza la conversación
   Es momento de agradecer las consideraciones y discúlpate por no ser el momento.

No es tan difícil como parece, pero una vez que digas NO, se va a volver practico y sencillo.

Experiencia: Para mi aprender a decir no fue muy difícil. De hecho, creo que aún no domino el arte de decir no al 100%.

Antes me dominaba el miedo de sentirme culpable socialmente por no ayudar a los demás con algo de lo que a mí me había costado mucho obtener.

Creía que si alguien se acercaba a mí era porque yo podía ser su salvación y que en algún momento ese milagro regresaría a mí, multiplicado por miles de veces más. Nada más errado de la realidad.

Hay mucha gente que se aprovecha de esta vulnerabilidad del cerebro humano y la explota a su conveniencia.

> "Es muy difícil detectar al lobo vestido de oveja entre el rebaño.
>
> ***Humberto Aguilar***

Después de años de experimentar este abuso por parte de mucha gente, decidí decir no. La primera ocasión que le dije a alguien que no, esa persona me dejo de hablar. La segunda vez que dije no, me dijeron que, si no ayudo no iba a tener nada porque dios me castigaría, y así sucesivamente me fui haciendo experto y a la misma vez creando una fama. Hoy gracias a todas las personas abusadoras aprendí a decir no.

Hablar en público

Uno de los factores que propician que un empleado o un emprendedor este más cerca del éxito es saber hablar en público.

Hablar en público no es una habilidad con la que uno nace, sino que debemos desarrollar con el tiempo. Todos estamos capacitados para ello, utilizando las herramientas adecuadas.

Hablar en público tiene tantos beneficios para un empleado como para un emprendedor, entre esos beneficios están:

3. Autoconfianza
   Es "la confianza en uno mismo" y es mucho más importante de lo que proyecta. Nuestro nivel de autoconfianza determina la visión que tenemos de nosotros mismos.
4. Habilidades de comunicación
   Capacidad de elaborar, enviar y recibir información orientada a objetivos concretamente definidos, con el fin de obtener un resultado favorable.
5. Razonamiento
   Proceso intelectual y lógico del pensamiento humano. Permite entregar argumentos creados en las conexiones mentales.
6. Liderazgo
   Capacidad que tiene una persona de influir, motivar, organizar y llevar a cabo acciones para lograr sus objetivos.

7. Ayuda en la percepción
   La forma en que el cerebro interpreta las sensaciones que recibe a través de los sentidos para formar una impresión de la realidad.

> Si tienes voz y eres escuchado(a), es mejor que digas algo que valga la pena y cambie la vida de alguien.
>
> ***Desconocido***

Para ser un buen emprendedor es clave saber hablar en público, lo cual será de gran ayuda en las conexiones con clientes, en las ventas, motivación de empleados, seguimiento y capacitación.

Experiencia: Haber aprendido hablar en público me ha permitido crecer profesionalmente en un 200%. Me ha enseñado que puedes estar equivocado, pero si tienes un buen argumento y lo sabes comunicar la gente podrá creer en ti. Me dio autoconfianza, valor y capacidad de expresar cualquier cosa, en cualquier lugar de forma asertiva.

Crea tus hábitos

Es bien sabido que lo que define a las personas son los hábitos que tiene. En pocas palabras tus hábitos definen quién eres.

Los hábitos son conductas que se realizan repetidamente hasta que se vuelven parte de la vida cotidiana de una persona. Esta repetición hace que los hábitos sean automáticos.

Estudios de la Universidad de Duke indicaron que, "los hábitos representan aproximadamente el 40% de nuestros comportamientos en un día determinado". Es decir, casi la mitad de lo que hacemos en un día, lo hacemos de forma automática repetidamente porque siempre lo hacemos así.

Ventajas

La ventaja de tener un hábito es que el cerebro gasta menos energía y recursos cognitivos al ejecutarlo. Cuando un hábito es saludable se monetiza de manera significativa y potencia otros hábitos y recursos que normalmente acompañan a esos hábitos saludables.

Desventajas

La desventaja es que, si el hábito no es saludable, es como una droga que trae consecuencias negativas a tu estado físico, mental, emocional y social.

Dime que hábitos tienes y te diré quién eres.

Crear un buen hábito

Una persona bien enfocada cambia sus hábitos para poder mejorar en varios aspectos de su vida, sin embargo, no es nada fácil hacer un cambio de hábitos, o crear un hábito nuevo.

Para crear un hábito nuevo es necesario pagar el precio de repetir tantas veces sea necesario hasta que el cuerpo grabe en su memoria la secuencia y los pasos para hacerlo.

Investigadores

Existe la creencia de que en 21 días se forma un nuevo habito. Esta creencia se debe al cirujano plástico Maxwel Maltz, en la década de 1950, que comenzó a notar un patrón extraño entre sus pacientes. De acuerdo con sus observaciones, les costaba alrededor de 21 días acostumbrarse a ver su nueva cara.

Estas experiencias adquiridas por el cirujano hicieron que pensase en que el periodo de adaptación de los comportamientos era de 21 días.

Maxwel Maltz lo intentó con el mismo, y concluyó que los 21 días a él también le funcionaban.

Maltz escribió "Estos, y muchos otros fenómenos observados, tienden a mostrar que se requiere un mínimo de alrededor de 21 días para que una vieja imagen mental sea sustituida por otra nueva".

Con estos datos Maltz inicio la creencia de los 21 días e influenció a casi todos los principales autores de "autoayuda", y a partir de este nació la famosa ley de los 21 días.

En el año 2009, Phillippa Lally, una investigadora de psicología de la salud en la Universidad College de

Londres, publicó un estudio en el European Journal of Social Psychology en el que se calcula una media de más de 2 meses antes de que un nuevo comportamiento se convierta en automático, 66 días. Esta adquisición de un nuevo habito puede variar ampliamente dependiendo del comportamiento, la persona y de las circunstancias.

Hábito emprendedor

De acuerdo con varios emprendedores exitosos es importante tener ciertos hábitos que suman y atraen el éxito.

Si bien es cierto que el emprendimiento no es fácil, también es cierto que los emprendedores de éxito tienen hábitos en común que los ha llevado a lograr lo que tienen, hablando de economía, fama, presencia y comodidad.

Para tener estos hábitos fue necesario incluir a la formula pasión, disciplina y dedicación.

Algunos hábitos en común que tienen los emprendedores exitosos son:

1. Inician su día muy temprano
2. Crean un plan diario y lo siguen.
3. Hacen ejercicio
4. Se educan diariamente
5. Disciplinados

Perfección enemiga del emprendedor

Muchos emprendedores tienen esa característica de querer hacer las cosas de manera perfecta. No se atreven a lanzar un producto o servicio si no están satisfechos con la calidad o el diseño de la manera en que ellos lo visualizaron en su mente.

Esto siempre juega en contra de cualquier emprendedor puesto que nunca tienen una fecha compromiso real de salida de su producto o servicio y solo se quedan en bosquejos mentales.

El perfeccionismo es un arma de doble filo, por un lado, aunque sabemos que nada es perfecto 100% estamos en la búsqueda de esta perfección, lo cual trae muchos problemas porque no es alcanzable y esto hace que muchos emprendedores se frustren y no continúen porque no se sienten confiados. Por otro lado, la búsqueda de la perfección hace que ciertos emprendedores sobresalgan de los demás por sus productos o servicios innovadores y que cambian la forma de como vemos la vida.

> "La perfección es una pulida colección de errores".
>
> ***Mario Benedetti***

Experiencia: La perfección en mis primeros emprendimientos me jugo en contra y me parecía muy difícil hacer las primeras liberaciones puesto que ante mis ojos no era lo suficientemente perfecto para mostrarlo al mundo. Siempre creía que la gente se daría cuenta que algo le faltaba, pero eso solo estaba en mi mente, no en la mente de los demás.

Hoy por hoy, me cuesta trabajo hacer la perfección aun lado, pero aprendí a planear mis lanzamientos por partes y es con lo que trabajo y me ha funcionado. Si busco que se lo mas perfecto posible pero ya no me frustro si no lo es. El parámetro de perfección ya no es el 100%, con el 80% ya se puede planear la liberación.

Empleado o emprendedor

¿Cuál te da libertad financiera?

La libertad financiera no depende 100% de los ingresos que se obtienen, ya sea trabajando para una empresa o teniendo una. La libertad financiera se basa en distintas variables, los ingresos solo es una variable que ayuda a definir, mas no la única, ni la más importante. La libertad financiera no se debe relacionar con éxito. Hay mucha gente exitosa que no tiene un centavo en su billetera.

En el mundo hay más empleados que son financieramente libres, que emprendedores.

Estamos rodeados de gente ignorante e influyente que basan sus ingresos en la manipulación de la mente de personas que desean ser millonarios y tener una vida financieramente resuelta. Estos farsantes utilizan publicidad cara pero efectiva para hacerle creer al mundo que debes seguir sus consejos para ser millonario.

La libertad financiera, de acuerdo con las personas que son libres financieramente debe sumar las siguientes variables.

Libertad Financiera = Finanzas + Felicidad + Tiempo

1. Finanzas
   Es la forma en que una persona administra su dinero de manera correcta.
2. Felicidad
   La interpretación del cerebro al sentirse emocionado por el bienestar, la alegría o el gozo.

3. Tiempo
   La medición de la continuación de los hechos ordenadamente a través de los cambios "pasado, presente y futuro".

Otras variables que no entran en la fórmula de **libertad financiera**, pero son sumamente importantes:

- Salud
  La Organización Mundial de la Salud dice que la salud es un estado de completo bienestar físico, mental y social.
- Amor
  El elemento más importante del ser humano, el sentimiento que mueve las fibras internas del organismo. El elemento motivacional que permite hacer cosas difíciles.

"Ten en cuenta que el gran amor y los grandes logros requieren grandes riesgos.

Dalai Lama

Experiencia: Libertad financiera es solo un mecanismo de marketing para vender libros, cursos y viajes. Sirve para motivar a las personas a que sean millonarias a través del emprendimiento.

En este mundo del emprendimiento he conocido a personas doble cara y doble moral que presumen lujos que no pueden pagar o vidas falsas.

La libertad financiera existe, pero no en la connotación que las redes sociales intentan darle.

¿Quieres ser libre financieramente?, crea una estrategia, sigue un plan, prepárate, aprende de los mejores, de quienes ya lograron lo que deseas lograr y paga el precio.

Puedes ser libre financieramente, siendo un empleado o siendo un emprendedor. No importa la fuente que elijas para obtener ingresos, pero sí importa la forma en que los administras en tu fórmula de vida.

Serás atacado por miles de pensamientos inoportunos que te invitaran a rendirte a escasos pasos para lograr el éxito. No te dejes influenciar por esa fuente negativa y conformista. Sigue adelante, busca tus talentos en tu interior y ejecuta con pasión.

El éxito está más cercas de lo que tú crees.

"Tanto si piensas que puedes, como si piensas que no puedes, estás en lo cierto.

Henry Ford

Printed in the USA
CPSIA information can be obtained
at www.ICGtesting.com
LVHW010819100624
782767LV00001B/161